Marketization of
Social Welfare Services in Japan

準市場の条件整備

社会福祉法人制度をめぐる政府民間関係論

HAZAMA Naoki
狭間直樹
【著】

福村出版

JCOPY 〈出版者著作権管理機構　委託出版物〉

本書の無断複写は著作権法上での例外を除き禁じられています。複写される場合は、そのつど事前に、出版者著作権管理機構（電話 03-3513-6969、FAX 03-3513-6979、e-mail: info@jcopy.or.jp）の許諾を得てください。

目 次

序 章　本書の内容と構成 ……………………………………………………… 5

第1章　政府民間関係 ……………………………………………………… 11

第1節　行政学と社会福祉学　11
第2節　社会福祉サービスの再編　15

第2章　条件整備と準市場の概念 ………………………………………… 23

第1節　概　要　23
第2節　条件整備の概念　25
第3節　条件整備の手法　33
第4節　準市場の市場構造　38

第3章　社会福祉法人制度 ………………………………………………… 43

第1節　社会福祉法人の概要　43
第2節　イコール・フッティング論　50
第3節　法的規制（参入規制）　55
第4節　補助金・税制優遇措置　57
第5節　反　論　69

第4章　社会福祉法人の公益性 …………………………………………… 73

第1節　公益法人の公益性　73
第2節　社会福祉法人の公益性モデル　84
第3節　サービスの質　88

第4節　平等性　93

第5節　社会貢献・合規性　97

第6節　特異性　105

第5章　社会福祉サービスの質 ……………………………………… 113
——イギリス・アメリカの議論から——

第1節　公共サービスの質　113

第2節　利用者満足度の重視　121

第3節　準市場における社会福祉サービスの質　131

終　章　覚悟なき社会保障 ………………………………………… 145

あとがき ……………………………………………………………… 149

参考文献 ……………………………………………………………… 150

序 章

本書の内容と構成

　本書は、20世紀から21世紀への世紀転換期における日本の社会福祉サービスを考察対象として、現代福祉国家における政府民間関係のあり方を論じた学術研究図書である。

　この世紀転換期における世界規模での公共サービス市場化の潮流のなかで、日本の社会福祉サービスもまた、供給主体の多様化と一定の競争原理の導入をともなった市場化改革を行った。社会福祉サービスの市場化のなかで、日本の政府部門はどのような課題を抱えているのか。これが本書の問いである。これに対して本書が追求していく解答は、多様な供給主体の競争条件の公平性確保が市場化の課題となる、ということである。社会福祉サービスの供給主体は様々な性格の法人に分類される。営利・非営利の分類だけではなく、非営利セクター内においても多種の区分があり、それぞれの存立条件に基づいて社会福祉サービスを提供している。異なった性格や位置づけを持つ供給主体の競争条件を、どの程度差別化し、どの程度平等化するのか。競争条件の公平性の明確化が政府に課せられた課題となる。近年、行政学および社会福祉学の領域では、「条件整備」や「準市場」といった概念が用いられている。「条件整備」とは、近年の政府の作動傾向を表現したものである。政府は、公共サービスを直接供給するのではなく、多様化した供給主体による間接供給が機能するような環境整備を行うことに力を注いでいる。「準市場」とは、多様な供給主体により一定の競争状態が発生した公共サービス領域を意味する。これらの概念を踏まえれば、「準市場」の「条件整備」こそが、日本の社会福祉サービス市場化

の課題である。

終戦直後より、日本の社会福祉サービスは社会福祉法人という民間組織によって支えられてきた。社会福祉法人は多くの場合、民間の私的財産に基づいて設立されつつも、法的規制および財政措置（補助金・税制優遇措置）といった政府による強いコントロールのもとに運営され、公的な福祉サービスの実施を委ねられている。私的財産を公的なコントロールのもとに置き、公共サービスの供給主体とするしくみは、公費投入を抑制しつつサービス供給量の増大を図ることが可能になるという点で効率的な手法であったと思われる。公私融合の効率的な福祉サービス供給こそが社会福祉法人制度の趣旨であると言っても過言ではない。しかし、近年、さらなるサービス供給量の増大を効率的に達成する目的で、別の民間組織（営利企業・NPO 法人）が新しいサービス供給主体として位置づけられると、様々な方面から社会福祉法人制度のあり方や社会福祉法人と企業・NPO 法人との競争条件較差に疑問の声があげられるようになった。その内容は、営利企業・NPO 法人に参入できないサービスがあること、参入できたとしても社会福祉法人同様の補助金や税制優遇措置が認められないこと、といった点に要約することができよう。日本の社会福祉サービスの市場においては、様々な供給主体に対する政策手法（法的規制・補助金・税制優遇措置）の内容「較差」が存在するのである。規制緩和論者は、営利法人等の積極的な参入と適正な競争発生の必要性を主張し、これらの「格差」を参入障壁であるとして、適正な競争条件の整備、いわゆる「イコール・フッティング」論を強く主張するようになった。

イコール・フッティング論の妥当性を判断するポイントは、社会福祉法人の公益性にある。そもそも、社会福祉法人に対する法的規制や財政措置は何の目的のために存在しているのか、そして、その目的が社会福祉法人によって現に実現されているのかどうかを検証する作業が必要不可欠である。本書は、社会福祉法人の公益性を成立させる要素として、①サービスの質、②平等性、③社会貢献、④合規性、という 4 つの要素を提案する。営利企業等と比較して、社会福祉法人が質の良い福祉サービスを、すべての国民に平等に提供し、本来

の事業以外においても社会的に不利な立場にある者の利益に積極的に貢献しており、これらの活動が法令遵守と適正な財務運営のもとに行われていることが具体的根拠をもって明らかにされれば、社会福祉法人の公益性を大きく補強するものとなる。現に社会福祉法人のサービスの質が優れたものであるのか、平等性において優れているのかといったことが検証される必要があるし、そうした公益性を高める施策が政府部門に求められていくことになる。社会福祉法人に対する公益性を明確化し、その向上を図り、競争条件の公平化（較差が存在することについての妥当性を確保すること）が、日本の社会福祉サービス市場の課題なのである。以上が本書の内容である。

　本書は行政学および社会福祉学の領域に属する研究書である。行政学・社会福祉学ともに様々な研究対象を有するが、本書は特に政府民間関係（公私関係）に視点を当てている。本書では「なぜか」と問うことよりも、「何か」「どのようにあるべきか」を問う場面のほうが多い。因果関係の分析ではなく、記述的・規範的な議論が中心となっている。また本書は、従来からの伝統的な社会福祉サービスの供給主体である社会福祉法人と、新興勢力である営利企業・NPO法人の利害が対立する内容を含んでいる。営利企業・NPO法人の立場に立って一方的に社会福祉法人を攻撃する意図はない。逆に社会福祉法人の立場に立って、一方的に営利企業・NPO法人を攻撃する意図もないことを明確に表明しておきたい。双方の主張、制度の意味合いを分析し、その論点整理を通して、現代福祉国家としてのわが国の抱える課題を指摘するのが本書の目標である。

　第1章では、本書の研究対象を明確化する。本書の研究対象である社会福祉サービスおよび政府民間関係の概念はともに曖昧な部分があるが、行政学、社会福祉学の文脈を踏まえて、それらの概念を明確にしておきたい。また、公共サービスの市場化という世界的潮流において、日本の社会福祉サービスに供給主体の多様化と一定程度の競争原理の導入が図られたことを確認し、本書の研究の背景を説明することとする。

第2章は、本書の理論部分に相当する。政府の役割の変化を、様々な「新しい政府像」に基づいて検討する。本書では日本を含めた先進工業国の新しい政府像として「条件整備型政府」という概念を選択した。条件整備型政府への転換にあっては、特に市場化に対して「どのような手法で、どのような条件整備をしているのか」を描写し、「どのような問題が生じているか」を解明する必要性があるという問題意識に到達した。また、「準市場」の概念を用いて、社会福祉サービスの市場化の問題を探る視点を得ている。準市場の成功要件は様々に指摘されているが、根本的な市場構造の設計が重要であり、こうした市場構造を形成する要因の1つが、様々な供給主体への法的規制や財政措置であることを述べる。

第3章では、社会福祉法人制度の概要を述べ、いわゆる「イコール・フッティング論」に基づき、法的規制や財政措置に注目し、社会福祉法人と営利法人等との間に発生している制度較差について検討する。こうした較差を「格差」として捉え、供給主体間の平等化をめざす議論には有力な反論もある。較差が存在することの根拠を明確化することが重要であり、この根拠は社会福祉法人の持つ公益性に求める他ないことを主張する。

そして、第4章では、社会福祉法人の公益性について検討する。公益性の概念を整理したうえで、本書が提案する社会福祉法人の公益性の各要素について検討する。現状において、社会福祉法人が公益性を有していることについて、世論の支持を得られるだけの十分な証拠は集まっていないかもしれない。法人自らの取り組みと、政府による関与によって、社会福祉法人の持つ公益性を明確化していく必要があると思われる。供給主体の多様化・市場化のなかで、制度較差の必要性の根拠を明確にし、供給主体間の競争条件の公平化を図ることが、課題であることを主張する。

第5章は、補足的な役割を果たしている。イギリスやアメリカの先行研究を踏まえて、社会福祉サービスの質をめぐる議論を整理している。まず、福祉サービスの質とは何なのかについて検討を行う。サービスの質の定義や測定は極めて難しいが、利用者満足度を中心にしてサービスの質を捉えることが重要

だと考えている。そして、日本と同様に、供給主体の多様化・市場化を経験したイギリスやアメリカにおいて、サービスの質の変化がどのように議論されているのかを検討する。文献レビューとしてお読みいただければ幸いである。

第1章

政府民間関係

第1節　行政学と社会福祉学

　現代国家において政府と民間組織は、どのような関係にあるのか。そして、これから、どのような関係にあるべきか。現代の政府が抱える課題は、極めて膨大で多様であるが、本書は、公共サービス、特に社会福祉サービスの民営化・民間委託、市場化が進展する時代における政府組織と民間組織の責任分担・連携等の制度設計のあり方に焦点を当て、その現代的課題を指摘することを目的としている。より「能率」的で「責任」ある社会福祉サービス運営を求める立場から、政策論的・規範論的に社会福祉サービスをめぐる政府民間関係の課題を探求していくことが本書の目的である。

　しかしながら、本書が考察対象とする社会福祉サービスおよび政府民間関係の意味内容は、いずれも極めて曖昧で、つかみどころがない。法律に基づいて公的財源によって賄われる訪問介護や通所介護といった介護サービス、保育所や障害者福祉施設などが一般的な社会福祉サービスとして思い起こされる。しかし、社会福祉サービスの概念もまた広く、公的年金や医療などを含めて社会福祉サービスと呼ぶ用法もあながち間違いではない。そもそも「福祉」の本質的な意味には、一人ひとりの人間が幸せを感じる理想的な状態という意味がある（社会福祉の目的概念）。環境保全や教育など、こうした状態に貢献しうる活動はすべて人間の「福祉」の向上につながるサービスとなり得てしまうのである。そして、政府民間関係という言葉の意味にも大きな幅がある。政府と民

11

間という2つの領域はわれわれの国家、社会の全体でもある。「関係」という言葉ほど漠然とした言葉もない。どのような領域における、政府と民間のどのような関係性を扱うかによって、政府民間関係の意味合いは大きく異なる。政府による立法・行政活動は社会に大きな影響を与え、政府の経済政策・財政運営は私的な経済活動に大きな意味を持つ。ある1つの判例の意味を考えることも政府民間関係の考察であると主張することも可能かもしれないし、ある1つの法律の制定に影響を与えた利益集団の影響力を分析することも政府民間関係の考察であると主張することも可能かもしれない。また、公務員とビジネスマンの給与体系やスキルの違いを検討することも政府民間関係の考察であると主張することも可能かもしれない。すなわち、広範で多様な議論を政府と民間の関係に包含させることが可能なのである。公共サービスおよび社会福祉サービス、政府民間関係という言葉は極めて曖昧で、その対象が不明確であるため、その意義を明確化しないことには、本書の目的も不明確とならざるを得ない。

そこで、まずは本書に言う社会福祉サービスと政府民間関係の意義を、社会福祉サービスの概念定義、行政学・社会福祉学における政府民間関係の議論の文脈から明確化する作業を行い、本書の問題意識を提示しておくこととしたい。本書に言う社会福祉サービスとは、主として政府組織によって、高齢者・児童・障害者・低所得者等に提供される相談援助・施設サービス・在宅サービスである。介護保険法・老人福祉法、児童福祉法、障害者総合支援法、生活保護法等を根拠法とする政府の事業がそれらに該当する。生活保護の金銭給付部分や公的年金といった現金給付は本書の社会福祉サービスの範囲には含まれない。現物給付（サービス給付）であっても健康保険法等に基づく公的医療保険のように広く国民全般を対象とした医療保障も本書の社会福祉サービスの範囲に含まれない。こうした相談援助や施設・在宅サービスは民間組織・地縁組織、家族などによる自主的な活動によって提供されることもあるが、本書では政府の事業として提供されるもの、もしくは政府の負担する公的財源によって提供されるものを中心的に取り扱う。

12

本書に言う政府民間関係の内容は、特に社会福祉サービス供給における政府組織・民間組織間の責任分担・資源配分、具体的な連携のしくみである。行政学と社会福祉学という 2 つの学問領域の代表的な教科書において、政府と民間の関係が取り扱われている部分の内容を確認しておくとしよう。行政学の分野においては、政府民間関係は基本的な研究領域として認識されている。西尾勝『行政学』においては、第 1 章「行政サービスの範囲」において、分量は決して多くはないが、民間活動と行政活動の関係、市場のメカニズムを用いた行政改革について言及がある（西尾 2001）。真渕勝『行政学』は、「官民関係」と題された第 8 章および第 9 章において、より積極的に政府と民間の関係を取り上げている。いわゆる「市場の失敗」（公共財、情報の非対称性など）、「政府の失敗」（政府の肥大化、レント・シーキングなど）に基づく政府の守備範囲の変遷が説明され、公共サービスの民営化や規制緩和、民間委託などの現状と課題が扱われている（真渕 2009）。また、今村都南雄・武藤博己・真山達志・武智秀之による『ホーンブック行政学』は、政府体系を考察する視点として、政治行政関係（公選議員と官僚の関係）、政府間関係（中央政府と地方政府の関係）と並んで、政府民間関係を考察の視点としてあげ、行政改革の進展にともなって、行政組織本体以外に、特殊法人や独立行政法人などの準行政組織、行政組織のコントロール下にある民間組織など多様な政策実施主体が存在していることを述べ、政府組織と民間組織の区別が困難な「グレーゾーン」が発生している現状を指摘している（今村・武藤・真山・武智 1999）。行政学における政府民間関係は、政府組織と民間組織の組織間関係に注目したものであり、それら組織間での責任分担や資源の配分、より能率的な運営・連携といった関係性が考察の対象となっていると言えよう。

　こうした意味での政府民間関係は、社会福祉学においても研究対象として位置づけられている。平岡公一・杉野昭博・所道彦・鎮目真人『社会福祉学』は、第 6 章、第 22 章において福祉多元主義に触れ、福祉サービスが政府部門、非営利部門、営利部門、インフォーマル部門によって提供されるようになっている現状と、財政、規制・監督、計画・調整といった政府部門の役割を

述べている（平岡・杉野・所・鎮目 2011）。社会福祉学の文献では、公私関係という用語で、政府と民間の関係が議論されることを目にすることも多い。しばしば言及されているのが20世紀初頭のイギリスで議論された、いわゆる「平行棒理論」や「繰り出し梯子理論」である。「平行棒理論」とは、「公」と「私」はそれぞれ別々の対象に対して活動を行い、明確に役割分担するべきだという考えである。道徳心や性格上の問題、自立に向けた意欲があるかどうかを基準として、「救済に値する貧民」と「救済に値しない貧民」を区分し、前者についてはイギリスの慈善組織協会などの民間組織がより高い給付を行い、後者に対しては救貧法に基づく公的部門の対応とした。Beatrice Webb らはこれを批判し、最低限度の生活を公的部門が保障し、その土台の上に宗教的・道徳的感化といった独自の活動を民間部門が展開して市民の生活水準を向上させるべきだという「繰り出し梯子理論」を展開した（金子 2005: 108）。Webb らの議論が、公的部門が最低限の所得保障を行い、私的部門がそれを超えたニーズに対応する努力をするという William Beveridge の公私役割分担論につながったという。

　戦後、わが国においても公私関係論は盛んに議論された。特に、1970年代、貨幣的ニーズではなく非貨幣的ニーズへの対応が大きな課題となったことにともない、公私の役割分担はより一層、複雑なものになったという。1980年代に入ると、政府による福祉サービス提供には大きな欠陥や限界が発生しており、営利・非営利の事業者を組み込んだサービス供給体制の多元化が必要であるといった三浦文夫らの議論が展開された（中野 2005: 70-72）。こうしてみると、社会福祉サービスに特化した形であるのはもちろん、最低生活保障という政府の公的責任が強調される傾向にあるなど、行政学との相違はあるものの、社会福祉学においても、政府組織・民間組織間における責任分担や資源の配分、連携といった関係性が考察の対象となっていることがわかる。

　社会学者・政治学者である Gøsta Esping-Andersen は脱商品化や階層化といった指標を用いて、世界の福祉国家を社会民主主義レジーム、保守主義レジーム、自由主義レジームの3つの類型に分類した。脱商品化指標は、政府

の提供する福祉の手厚さを示す指標を含んでおり、階層化指標は医療・年金などが民間組織によって提供される度合いを示す指標を含んでいる（埋橋 1997: 147）。政府がどの程度の給付を、どのようなやり方で提供しているのかに関わり、政府と民間の関係で捉えられる余地がある。福祉国家の研究はもちろんのこと、福祉国家へと変化した現代国家の政府部門を研究対象とすること自体が、すでに政府民間関係の考察を排除することを許さないのかもしれない。政府と民間組織の責任分担・資源配分・連携関係は、現代においても議論が繰り返される、社会科学の伝統的かつ中心的テーマの1つと言えよう。以上のような、行政学・社会福祉学の文脈から、本書における政府民間関係の内容が明らかとなる。本書に言う政府民間関係とは、社会福祉サービス供給における政府組織・民間組織間の責任分担・資源配分・連携関係である。そして、このような視点から、政府と民間がどのような関係にあり、今後、どのような関係にあるべきかという問題意識のもと、特に政府組織の抱える課題を模索するのが本書の目的である。

第2節　社会福祉サービスの再編

　20世紀から21世紀への世紀転換期において、わが国の政府民間関係には大きな変化がもたらされた。この変化の原因は、公共サービスの民営化・民間委託に求められるであろう。真渕は、「二つの波」と表現して民営化・民間委託が大きく進展した時期を2つあげている。1つめの波は、1980年代に押し寄せた。中曽根康弘政権のもとで、国鉄、日本電信電話公社、日本専売公社の民営化が行われ、公共サービスに民間委託が積極的に採用され始めた。2つめの波は、2000年代前半、主として小泉純一郎政権によって進められた行政改革を指す。郵政民営化、道路公団民営化に加えて、様々な形で民間委託が進められた（真渕 2009: 172）。ごみ収集を例にあげると、環境省「一般廃棄物処理実態調査」によれば、すでに1988年の時点で直営方式が50.3%、民間委託方式が30.3%、許可方式が19.4%であったが、2006年においては、直

営方式が 30.0%、民間委託方式が 42.9%、許可方式が 27.0% となっており、民間委託方式が拡大していることがわかる（木村 2009: 244）。また、文部科学省「学校給食実施状況等調査—結果の概要（平成 24 年度）」によると、公立の小・中学校の単独調理場および共同調理場における調理業務の 35.8%、運搬業務の 41.2% が外部委託とされている。そして、2000 年代の民間委託は量的拡大にとどまらず、質的な変化を含むものでもあった。いわゆる PFI（private finance initiative）は、民間企業が集めた民間資金によって公共施設の建設・管理を一体的に行うものであり、庁舎、学校校舎、刑務所の建設・管理に用いられるようになった。2003 年の地方自治法改正によって開始された指定管理者制度は、従前の管理委託制度と異なり、自治体公共施設の幅広い管理運営権を民間企業や NPO などに開放するものであった。文化ホール、体育館、図書館などに適用されており、これらの施設を実質的に民間組織が運営するようになった。政府と民間の関係は大きく変化し、政府による政策実施は大きく民間組織に依存する形になっている。

　こうした民営化・民間委託が最も激しく進展した公共サービスの 1 つが社会福祉サービスであった。2001 年 4 月、内閣総理大臣に就任した小泉は施政方針において「官から民へ」「民間にできることは民間に」をスローガンの 1 つに掲げた。総理大臣就任約半年後の第 153 国会における所信表明において、経済・財政の構造改革が緊急の課題であり、そのために、競争的な経済システムの構築が不可欠であることを述べ、競争や技術革新を促すことなどにより、消費者本位の経済社会システムの構築と経済の活性化を図り、医療、福祉・保育、労働など、国民生活に直結し、需要と雇用を拡大する余地の高い分野における規制改革について、早期かつ確実に実施することを方針に掲げた。この方針のもと内閣府に設置された総合規制改革会議（2001 年 4 月～2004 年 3 月設置）は、2003 年 7 月 15 日、「『規制改革推進のためのアクションプラン・12 の重点検討事項』に関する答申—消費者・利用者本位の社会を目指して—」を発表し、わが国の公共サービス分野における規制緩和と、多様な供給主体間の適正な競争条件確保について早急な改革の必要性を提唱した。同答申によれ

16

ば医療・福祉・教育・農業などの公共サービス分野は、合理的な経営形態である株式会社等の参入が原則禁止されている官製市場である。同答申は「こうした『官製市場』について、部分的・限定的なものに止まらず、本来の健全な市場経済に早急かつ全面的に移行させる措置を講ずることにより、国民や消費者の多様なニーズに的確に応えるとともに、我が国に潜在する巨大な需要と雇用を掘り起こすことが、真の意味での経済活性化に直結するもの」であるとし、医療機関・学校・特別養護老人ホームへの営利法人等の参入解禁など公共サービス分野のより一層の規制緩和、健全な競争条件の確保を課題として掲げた（内閣府 2003b: 1）。

　多様な供給主体の参入促進、それにともなう一定の競争原理の導入という政策は、中央政府だけでなく地方自治体レベルでも確認することができる。2002 年 6 月、東京都都立福祉施設改革推進委員会は、民間施設が量的・質的に充実するなか、都が福祉分野において「サービスの直接供給から、福祉システムを適正に維持・向上させる方向に大きく転換させるべき段階にある」（東京都 2002a）と述べ、都立福祉施設運営を将来的に全廃する方針を示した。福祉サービスにおける公共セクターの直接的な役割ではなく、間接的な役割の強調である。同委員会報告書によれば、利用者本位の福祉の構築のために、「多様な事業主体の競い合いによるサービス向上や、利用者が真の意味で選択できる、ニーズにあった十分なサービス、利用者が安心してサービスを選べるしくみづくりなど、福祉全般にまたがる抜本的なしくみの再構築が必要」であり、この改革を進めていくうえで、「都に対しては、以前にも増して大きな役割が求められる」ことになる。そして、「従来都が都立福祉施設運営という形で果たしてきた直接的福祉サービスの提供者という役割を大きく転換させ、（中略）福祉サービスのインフラ整備、利用者保護のしくみづくり、福祉分野への多様な供給主体の参入促進、社会福祉法人経営改革支援などといった、新しい福祉システムを適正に維持・向上させていくという役割に重点を移していくことが、今日、都に求められているのである」（東京都 2002a）と述べ、その間接的役割を強調している。

構造改革という言葉は、小泉政権において頻繁に用いられたが、社会福祉サービスの分野では、近年、社会福祉基礎構造改革という名称で様々な改革がなされてきた。その本質をまとめると次の2点に集約される。第1に、サービス供給主体の多様化である。地方公共団体や社会福祉法人といった伝統的な福祉サービスの供給主体に頼るのではなく、営利法人（民間企業）や特定非営利活動法人（NPO法人）など新しい供給主体の参入が進められた。そして第2に、利用者による自己決定の推進である。わが国の社会福祉サービスは伝統的に措置制度によって運営されてきた。福祉サービスの利用の可否や内容を行政機関が決定するという制度である。これを、利用者が自らの意思で福祉事業者を選択し、契約を結ぶ形態へと移行することが推進された。措置から契約への移行は、高齢者福祉分野の介護保険制度、障害者福祉分野の支援費制度において実現した。また、保育所の利用にも利用者の選択を重視したしくみが取り入れられた。介護・保育・障害者支援いずれのサービスにおいても利用料は公的に定められているため、事業者によって利用料金が大きく異なることはないが、サービスの内容などを判断して利用者は事業者を選択できる。より良い事業者は、より選択され、より大きな収益をあげる可能性がある。必然的に、利用者の自己決定の推進は、多様化した供給主体間に一定の競争状況、すなわち市場化を発生させることにつながるのである。

　図表1のように、2015年10月1日における主要な介護保険サービスの事業者は多様化している。例えば、訪問介護の事業所数による供給主体別シェアは、地方公共団体が0.3％、社会福祉法人が19.4％、医療法人が6.2％、社団・財団法人が1.3％、営利法人が64.8％、特定非営利活動法人が5.1％である。特に、営利法人の構成割合が高い。介護保険制度が始まった2000年の訪問介護における供給主体別シェアは、地方公共団体が6.6％、社会福祉法人が43.2％、医療法人が10.4％、営利法人が30.3％、特定非営利活動法人が2.1％であった。営利法人は、介護保険制度開始前から老人福祉法における居宅介護の事業所を増やし始め、15年間でシェアを倍増させたことになる。一方で、地方公共団体の構成割合は大きく減少し、社会福祉法人もそのシェアを半減さ

第1章　政府民間関係

図表1　主要な介護サービスにおける開設主体別事業所の構成割合（%）

2015年10月1日現在

	地方公共団体	社会福祉法人	医療法人	社団・財団法人	営利法人（会社）	NPO法人
訪問介護	0.3	19.4	6.2	1.3	64.8	5.1
訪問看護	2.3	7.2	30.3	9.4	43.9	1.9
通所介護	0.6	27.3	6.4	0.7	59.3	4.0
通所リハビリテーション	3.0	9.1	77.0	2.7	0.0	―
短期入所生活介護	2.1	82.5	3.6	0.1	10.6	0.5
認知症対応型共同生活介護	0.1	24.1	16.7	0.4	53.6	4.5

(注)　「日本赤十字社・社会保険関係団体・独立行政法人」「協同組合」「その他」は省略している。
(出所) 厚生労働省『介護サービス施設・施設事業所調査（平成27年度）』

図表2　保育所の設置主体別数

2014年4月1日現在

公立	社会福祉法人	社団・財団法人等	学校法人	宗教法人	NPO法人	株式会社等	個人	その他	計
8,917	12,274	110	381	226	142	1,236	125	32	23,443

(出所) 厚生労働省『保育所の設置主体別認可状況等について（平成26年4月1日現在)』

せている。児童福祉サービスである保育所（認可）の場合、状況は異なる（図表2）。2014年4月の時点においても、全国の保育所の約4割は公立、すなわち地方公共団体が設置者となっている。公立以外の私立保育所に関しても、その大半は社会福祉法人立であり、株式会社やNPO法人といった新しく社会福祉サービスに参入した民間組織による保育所の数は決して多くはない。しかし、株式会社による保育所設置が、2014年には657カ所であったことを踏まえると、企業参入が急速に進んでいることがうかがえる。近年の企業参入の傾向は保育所にも見て取れると言えよう。いくつかの障害者福祉サービスではNPO法人が大きな役割を果たしている。就労継続支援B型事業は、企業などへの就労が困難な障害者に就労の場を提供し、職業訓練などの支援を行う事業である（B型事業所の場合、一般的には事業所と障害者の関係は雇用契約に基づかない）。近年の障害者福祉制度改革によって、法定外にあった「小規模作業所」を運営するNPO法人の多くが就労継続支援B型事業所に移行したこと

図表3　障害者福祉サービスの開設主体別事業所数

2015 年 4 月 1 日現在

	国・独立行政法人	地方公共団体	社会福祉協議会	社会福祉法人	医療法人	公益法人	協同組合	営利法人	NPO法人	その他	総数
生活介護事業所	21	202	313	3,501	55	13	9	558	929	59	5,660
就労継続支援事業所（B型）	1	138	265	3,938	157	34	—	767	2,509	247	8,056

（出所）厚生労働省『社会福祉施設等調査（平成 27 年度）』

もあり、NPO 法人のシェアが非常に高くなっている（図表3）。供給主体の多様化、一定の競争状態の発生（市場化）は、近年のわが国の社会福祉サービスの変化のなかで最も影響が大きな出来事であったと言っても過言ではないであろう。

　このような社会福祉サービスにおける供給主体の多様化・市場化は日本に限られた現象ではない。例えば、イギリス、アメリカにおいても同様の現象が発生している。イギリスにおいては、第 2 次世界大戦以降、地方政府が対人社会サービスの責務を負っている。戦前においても、民間組織の行う家事援助サービスに対して地方政府が援助することはあったが、1946 年の国民保健サービス法や 1948 年の国民扶助法によって地方政府が施設や家事援助を行い、積極的に福祉を向上させることが明記されたのである。例えば、身体障害者に関わる福祉サービスであれば、所得保障・雇用を中心とするナショナル・ミニマム保障は国の雇用省が担当し、医療・住宅・環境については国と地方政府が共同で担当し、社会福祉サービスについてのみ、地方政府が全面的に責任を負うことになった（右田 1985: 149）。1990 年から始まるいわゆる「コミュニティ・ケア改革」で、イギリスの社会福祉サービスも供給主体の多様化、市場化を経験することになった。必ずしも、地方政府の直営サービスが全面的に否定されたわけではないが、直営のサービスと民間の供給主体（ボランタリー団体、営利企業）のサービスの費用対効果を比較して、後者のほうが優れている場合には直営のサービスをやめて、民間からのサービス購入に切り替える

ことが推進された。このような比較評価を公平に行うことが可能になるように、地方政府の組織の内部で、サービスの購入を担当する部門と、直営のサービスを管理する部門とを分離するという、「購入者―供給者分離（purchaser-provider split）」原則に基づいた組織改革が行われた。コミュニティ・ケア改革の推進によって、地方政府によるホームヘルプの供給量全体が増大したが、そのほとんどが企業や非営利組織よって支えられることになったという。供給量全体でみると、ホームヘルプの供給時間数は1992年から1997年にかけて57％増大した。自治体の直接供給量が減少する一方で、民間セクターのシェアは1992年には2％弱であったものが、1997年には44％まで増大したとされる（Wistow and Hardy 1999: 176）。Gerald Wistow らは、1991年と1993年に、25の地方政府の社会福祉サービスの責任者に市場化の是非について調査を行ったが、91年には「積極的な市場導入派」である地方政府はたった3つであったが、93年になると逆転して、市場には欠点のほうが大きいと答える地方政府がわずか3つになってしまったという（Wistow et al. 1996: 34）。

　アメリカの社会福祉サービスにおいても、民間組織への委託が積極的に行われている。1975年に成立した社会保障法修正法タイトルXX「福祉サービスのための州への補助金」によって、アメリカの社会福祉サービスは大幅に強化され、運営が州に委譲された（仲村・一番ヶ瀬 2000: 82）。これを機に、社会福祉サービスの民間団体への委託契約がさらに拡大し、多くの営利団体・非営利団体が社会福祉サービスの提供に関わっている。レーガン政権における連邦政府の補助金削減などの結果、「まとまった資金の得られる政府の委託契約を獲得するために、民間団体の競争的な環境が出来上がってきた」（木下 2003a: 192）とされる。

　こうしてみると、少なくとも、イギリス、アメリカにおいては、日本に先んじて社会福祉サービスの供給主体多様化・市場化の改革が進められていると考えられそうである。高齢化の進展や財政上の制約など、改革の背景には日本と共通する点も多いと思われる。こうした改革をめぐるイギリス、アメリカの議論は日本にとっても示唆に富むと考えられそうである。

第2章

条件整備と準市場の概念

第1節　概　要

　本章では、現在の政府や公共サービスを捉える理論をまとめ、分析の視点を設定する。イギリスやアメリカの行政学・社会福祉学で用いられるようになった「条件整備型政府」「準市場」の概念を日本の社会福祉サービス市場化に導入し、分析の視点を定める。これら2つの概念は、行政学の教科書で扱われることは少ないが、前述のように、平岡・杉野・所・鎮目（2011）といった社会福祉学の教科書では言及されることもある。条件整備と準市場の概念は互いに重複しつつ、補完し合うものである（図表4）。

　「条件整備」は、近年の政府機能の特徴を表す言葉である。政府が、かつてコンセンサスを得ていた「供給者（provider）」としての役割から、「条件整備主体（enabler）」という新しい役割へと存在意義を変化させていることが強調されている。政府は、公共サービスを直接提供するのではなく、その実施を民間組織に委ねたうえで、様々な供給主体の参加が可能になるような条件を整備し、法的規制や補助金などによって民間組織そのものやサービス提供環境をコントロールする役割に転換していることが表現されている。

　「準市場」は、多様な供給主体により一定の競争状態が発生した公共サービス領域を意味する言葉である。条件整備は政府に関わる概念であるが、準市場は公共サービスの提供状態に関わる概念である。準市場もイギリスを中心として発展してきた概念であるが、日本の介護保険制度の研究に用いられ、コスト

図表4　条件整備型政府と準市場

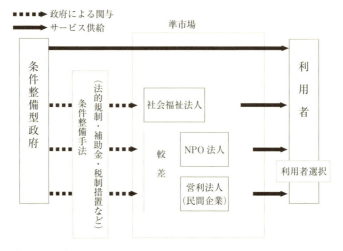

（出所）狭間（2008: 72）を一部修正

や選択といった課題を指摘する研究もある。本書も日本の社会福祉サービスを対象として、特に市場構造の問題に注目していく。日本の社会福祉サービス供給においては、社会福祉法人という伝統的供給主体が存在し、営利企業などとの制度較差がある。制度較差の根拠は何か。日本の政府組織は、準市場において、競争条件の公平化（制度較差の根拠の明確化）という課題を背負っているのである。

　こうしたサービス供給主体の多様化・市場化を前提とした政府および公共サービスの捉え方には、公的責任の減退につながるのではないかといった批判もある。しかしながら、条件整備型政府という概念は必ずしも、公的責任の減退を意味しない。多様化した供給主体や市場化に対して、どのような手段で、どのように関与すべきか、政府には引き続き大きな責任を求めていくべきであろう。Robert Leachらは、イギリスの地方政府を念頭に置いて、活動量、支出、雇用人数のいずれにおいても政府は以前よりは小さくなっているようにみえるものの、それが必ず小さい政府を意味することになるのかどうかについて

は議論する余地があると述べている。Leach らは、ガバナンス（governance）や新公共経営（NPM：new public management）などの新しい政府像について触れ、次のように述べている。「政府は『空洞化』しているかもしれない。しかし、逆に、ガバナンスは伝統的な政府の役割の減少を認めるだけでなく、公共領域のもっと広い解釈を含んでいるのである。（中略）『舵を取ること』、『条件整備すること』は、政府が小さな役割しか果たさないということではなく、もっと異なった、複雑なことなのである。（中略）必ずしも、政府の役割が減少するということではない」。Leach らによれば、私たちは経済や社会に対する戦略的なコントロールのための様々な方法、他の誰かに政府の仕事をさせるための様々な方法に注目していかなければならない。目標を達成するための手段は様々で、政府は、かつてよりも、おだてたり説得したりしなければならない。つまり、交渉や外交の技術を駆使し、政府の内外の利害を取り込んで利害を調整し、監督するというよりはリードしていかなければならないのである。政府は様々なサービスを実施していくための権力を失う一方、以前にも増して大きな責任を負っているのである（Leach and Percy-Smith 2001: 4）。

第2節　条件整備の概念

　公共サービスの民営化・民間委託、市場化が進展する時代において、政府はどのような機能を担っており、どのような課題を抱えているのか。これらの疑問に答える簡潔な政府像として、本書は「条件整備型政府」の概念を採用する。この概念も様々な意味を持つが、本書では次のような内容が強調される。第1に、条件整備型政府は、公共サービスを直接的に提供する役割を減少させ、調整や規制といった公共サービスを間接的にコントロールする役割を増大させた政府である。第2に、条件整備型政府のもとでは、公共サービスを提供する役割は様々な営利組織および非営利組織に与えられ、公共サービスの供給主体が多様化する。第3に、条件整備型政府のもとでは、様々な供給主体間で一定の競争状態（市場化）が発生する場合もある。公共サービスにおける

供給主体の多様化および市場化のなか、規制・調整によって、公共サービス供給を間接的にコントロールするという役割を増大させた政府。以上のような内容が、本書が注目する条件整備型政府の意味である。

　ごみ処理、学校給食、図書館などのサービスの実施責任は地方公共団体にあるが、その多くは民間事業者に委託され、多くの法的規制と公的費用負担によって運営されている。地方公共団体は条件整備型政府として機能するように変化していると言えよう。また、医療や介護サービスの大部分は、民間事業者の責任で実施されるようになっているが、国や地方公共団体の法的規制と公的費用負担によって運営されている。こうした分野でも、わが国の政府、地方公共団体は条件整備型政府に転換していると言えよう。鉄道、郵便、電気・ガスなど、事業責任も費用負担も民間に属する分野でも、政府による各種規制といった一定の公的責任、各種の補助金といった一定の財政措置が残されていれば、条件整備の概念を用いることも可能かもしれない。

　もとより条件整備の概念は大きく、政府が様々な形で社会や市場に存在する個人や民間組織に関与して、その環境条件を成立させることを意味する。コンビニエンスストア、旅館、カラオケ店などのビジネス環境を整備するのも政府による条件整備と呼べる。また、18歳以上に選挙権を付与することにともない、高校生に主権者教育の機会を提供し、より一層の政治参加を促すことも政府による条件整備と呼べる。しかし、本書では、公共サービスにおける供給主体の多様化・市場化、それに対する規制・調整等といった条件整備を考察対象とする。

　条件整備型政府という概念は、イギリスやアメリカなど英語圏の行政学・社会福祉学研究の影響を受けて国内でも用いられるようになった。特に、イギリスの社会福祉サービス研究の影響が大きいと思われる。1988年、イギリスにおいてサッチャー政権の環境大臣 Nicholas Ridley によって提唱された概念であること、また、当時進行中であったコミュニティ・ケア改革によって用いられるようになった概念であることに言及する文献が多い。伝統的に、イギリスの地方政府は公共サービスの民間委託には批判的であったという。しか

し、一連の改革のなかで、社会福祉サービスの分野においても、地方政府が民間のサービスを購入・契約することによって地域内のニーズを充足し、自らの機能を縮小させ、規制的な役割を果たすべきであるという考えが有力なものになり、地方政府を enabler、enabling authority として捉え直す見解が広がった。enabling state、enabling authority、enabler という言葉には、他にも、「権能付与型政府」（堀 2000）、「権能なき国家」（ギルバート＆ギルバート 1999）などの訳語があてられる場合があるが、社会福祉学の分野では「条件整備主体」として訳されることが一般的であるため、本書においても条件整備という訳語をあてる。「条件整備型国家」や「条件整備主体」「条件整備者」といった訳語もあるが、政府組織に適用される概念であるから、本書では条件整備型政府とした。

　しかしながら、多くの社会科学の概念がそうであるように、条件整備の概念もまた広く、多義的である。Steve Leach、John Stewart、Kieron Walsh らの研究は、様々な条件整備の方向性を説明するものとして言及されることが多い。Steve Leach らにおいても、条件整備主体の本質の１つはやはり市場化である。財やサービスの生産を市場に委ねることに否定的な従来型政府を伝統的官僚制自治体、市場化に肯定的な政府を条件整備主体と位置づけている。しかし、同じ条件整備主体でも、その方向性によって種類は異なる。「残余的な条件整備主体」は、自治体以外では提供できない場合に限って公共サービスを担い、残されたサービスに関して入札により契約者を決定していく、効率化をめざす政府である。しかし、一方で、「市場志向の条件整備主体」もあり、こうした方向性を持つ地方政府では、地方経済発展のための積極的な計画・調整が行われ、費用が少ない契約よりも地域経済に対して好影響を与える契約内容が重んじられるという。公共サービスの提供だけでなく民間ビジネスの規模拡大をねらった産業振興・経済開発のための政府が想定されているように感じられる。さらに、「コミュニティ志向の条件整備主体」という方向性もあるという。サービス提供主体の種類などは問題にしないが、サービス提供過程や結果に関する説明責任を果たす参加民主制を強調する政府である（Leach et al.

1994, 高橋・永田 1998: 5-7)。Leach らの議論も公共サービス供給主体の多様化・市場化を条件整備型政府の議論の中心にしているが、民間ビジネスの条件整備、市民の政治参加の条件整備も包含していると思われる。

　カリフォルニア大学の Neil Gilbert が 1989 年に出版した著作 *The Enabling State: Modern Welfare Capitalism in America*（日本では『福祉政策の未来—アメリカ福祉資本主義の現状と課題—』中央法規出版、として 1999 年に翻訳出版されている）も、タイトルどおり enabling の概念に関わっている。アメリカの社会保障が、政府による直接支出だけではなく、所得控除（tax preference）や税額控除（credit subsidy）といった間接的な財政移転によって支えられていること、福祉サービスの財源が公的補助金だけでなく民間によって調達されている（利用者による利用料負担など指していると思われる）こと、社会的なサービスが民間企業による市場によって提供されるようになっていることなどを最近のアメリカの社会保障の変化として捉えている。所得保障や住宅、教育などと並んで、社会福祉サービスも事例として扱われている。介護施設の多くが営利企業によって運営されている現状と、営利組織と非営利組織のコストやケアの質の違いについて言及されており（ギルバート＆ギルバート 1999: 37-44）、こうした視点は、イギリスの enabling authority をめぐる議論と共通しているように思われる。Gilbert（2002）は、welfare state と対比させて enabling state の概念を展開しているが、その中心要素は、やはり民間組織によるサービス提供であると思われる。しかし、現金給付に関する部分、労働政策に関する部分を含むなど、その概念は広範である。様々な分野における、公的責任から私的責任の強調という変化を enabling state の概念で捉えているのであろう。「enabling state の概念が存在する。アメリカとイギリスにおける本質的変化を表現するのに用いられる用語であり、個人・市場・ボランタリー組織の私的責任（private responsibility）への公的支援という価値観を表現したもの」であると Gilbert は言う。そして、この概念が「現在の社会サービスに現れつつある枠組みにおいて、政府の役割について、より鋭い像を与えるもの」であるとし、「様々な選択肢の中から、社会サービスの

28

新しいパラダイムを表現するために、条件整備の概念を選んだ」と述べている（Gilbert 2002: 16）。

　条件整備型政府とは「個人や民間組織が自立的・主体的な活動を行うことが可能となるように様々な働きかけを行う政府」であると言えそうである。この概念では、公共サービスの直接供給者ではなく、民間組織による間接供給の監督者・調整者としての役割が強調される。また、伝統的な福祉国家との対比では、就労促進などが強調される。そして、市民の政治参加、ボランティア活動などへの参加などが強調されることもある。本書は、民間組織による公共サービスの間接供給に対する監督者・調整者としての役割に焦点を当てる。

　条件整備型政府という概念を採用した理由については、一応の説明が必要かもしれない。公共サービスの民営化・民間委託、市場化という現状を背景として、条件整備型政府という概念以外にも、すでに多くの新しい概念、新しい政府像が提出されているからである。R. A. W. Rhodes は、「ここ最近、行政学の研究領域では、たくさんの流行が起こっては過ぎ去っていった」（Rhodes 2000: 56-58）と述べ、ここ数十年、行政・公共政策を主たる対象とする研究分野において、世界規模で公共サービスおよび公共セクター管理において数多くの「新しい」概念、「新しい」アプローチが提唱されたことを概観している。状況はまさに百家争鳴の様相を呈しており、あえて条件整備という概念を採用したことの根拠については、やはり一応の説明が必要であろう。

　例えば、新公共経営（NPM：new public management）は、大きな影響力を持つ概念である。民間企業と同様、政府組織運営においても「最小で最大を得る（getting more for less）」という発想が不可欠であり、こうした理念のもと、民間企業の経営手法を政府組織に導入することが追求されている。

　具体的には、市場機構の活用（民間組織によるサービス提供や競争原理を導入すること）とともに、成果志向（客観的に成果を評価すること）、顧客志向（公共サービス利用者を顧客と捉え満足度向上を図ること）、分権化・権限移譲（より下位の組織に権限を委譲し自立した運営を行わせること）の4つがあげられている（山本 1997）。この考えも、イギリスの政治学・行政学から強く

影響を受けたものである。イギリスの代表的な政治学者 Patrick Dunleavy や Christopher Hood も新公共経営に言及しており、新公共経営の特徴を次の2つの変化から構成されるものとしている。1つは、ダウン・グループ（downgroup）の変化と称されるもので、人事・報酬・業務方法などにおいて政府組織と民間組織の相違が希薄になっているという変化を指す。政府組織における雇用・報酬の柔軟化、リソースの節約、事業者間における競争の発生などがそれに該当する。もう一方は、ダウン・グリッド（down-grid）の変化と呼ばれるもので、人事・契約・資金に対する行政官の裁量が規則によって制限されなくなっている変化を指す。客観的で明確な業績基準・尺度による公共サービス運営などがこれに含まれる。新公共経営の基本的な価値観は金銭や時間の節約であり、政府組織を公正で誠実なものにしたり、強靱で回復力のあるタフなものしたりするといった価値観とは異なる、と Hood は言う（Hood 1991a: 10-15）。民間組織によるサービス提供や競争原理の導入といった点において、新公共経営の概念の問題意識は条件整備の概念と共通したところが多く、本書の問題意識と重なるところが大きい。しかし、新公共経営は、新しい政府像そのものではなく、あくまで政府の新しい管理運営方法を総称する概念と言えよう。そして、その議論も政府部門の組織編成や人事システム、政策評価の手法など、管理方法をめぐる議論に重点が置かれることになりそうである。

　あるいは、ガバナンス（governance）の概念はどうだろうか。真山達志によれば、ガバナンスとは「公共空間に存在する諸問題の解決に向けて、政府（中央政府及び地方政府を含むいわゆる government）、企業（民間営利部門の諸主体）、NPO・NGO 等（民間非営利部門の諸主体）のネットワーク（アクター間の相互依存関係）を構築し、それを維持・管理する活動（公共空間の協働管理）」である（真山 2001a: 47）。「ガバメントからガバナンスへ」といった表現にもみられるように、この概念においても政府はもはや従来の政府ではない。政府は様々な供給主体の一部でしかないし、また、そのような様々な主体や住民の参加によって政策過程において従来ほどの権力を保持し得ないかもしれないことが表現されている。ガバナンスの概念は、民営化や民間委託によ

る供給主体の多様化という状況も踏まえた概念であると思われるから、やはり本書の問題意識と重なるところが大きい。しかし、ガバナンスの本質的な意味は「統治」に他ならず、ガバナンスという概念を用いた議論は、コーポレート・ガバナンス、グローバル・ガバナンスなど、広範囲にわたる。公共空間が様々な主体によるネットワークで統治されている状態を表現する用語で、新しい政府像を直接示したものでない。ガバナンスにおけるガバメントはどのような性質を持ったものなのかが、明示されていないように思われる。政治学・行政学の文脈では、住民参加や住民自治を強調する側面が強く、本書がガバナンスの概念を用いて議論を進めることには、これもまた「場違い」の感がある。

　しかし、新公共経営やガバナンスが直接的に新しい政府像を示したものではないとしても、これらの概念のもと、新たに設定された政府像も数多い。例えば、David Osborne と Ted Gaebler が提唱する「起業家的政府（entrepreneurial governments）」の概念である。この政府像はアメリカや日本においてベストセラーとなった『行政革命（*Reinventing government*）』において明確に打ち出されている。彼らは、行政改革のための様々な原則を提案している。そのうちのいくつかをあげると、①政府は触媒作用でなくてはならず、その主たる役割は「漕ぐのではなく舵を取る」ことである、②政府はサービス供給に競争を持ち込み、他のセクターを刺激して競争的でなければならない、③政府は官僚制のメカニズムよりも市場を通して変革を行わなければならない、などである（オズボーン＆ゲーブラー 1995）。また、Lester M. Salamon らによる「第三者による政府（third-party government）」などの概念も存在する。Salamon は、アメリカ連邦政府が公共サービスを実施するうえで、州や市などの地方政府、銀行や産業組合、そして民間非営利組織と大規模に協働するようになっている現状を指摘し、特に非営利組織の存在意義を強調している（サラモン 2007: 48-49）。住民参加や住民自治の観点からは、こうした概念がよりなじむと思われる。

　H. Brinton Milward と Keith G. Provan による「空洞化国家（hollow state）」の概念も有力候補である。Milward と Provan の主たる研究関心もガバナンス

状況における政府の役割、ガバナンスを有効なものにする条件にある。すなわち、使命を単独で果たせる組織がほとんどなく、権力が共有化された世界で、有効な制度はどのようにデザインされるか、ということである。アメリカにおいても、医療や精神保健、児童福祉サービス、薬物・アルコール防止、貧困者サービスなどの分野で、政策デザインは州政府に任され、政策実施は地方政府諸機関、非営利組織、民間企業のネットワークに委譲されるようになっている（つまり政府の空洞化が進んでいる）。このような状況において、最も重視されるべきは、政府の権威や制裁ではなく、統治のメカニズム（許認可、補助金、契約、協定）である（Milward and Provan 2000）。

　こうした様々な政府像のなかで、条件整備型政府の概念を採用した理由を説明することは困難である。あくまで印象批評であるが、起業家的政府の概念は民間企業の経営手法をより強く意識したもので、第三者政府は非営利組織の存在をより強く意識したもののようにみえる。また、空洞化国家は政府の役割や影響力に関してやや悲観的な印象を受ける。この点、「残余的」な弱い条件整備型政府から「開発志向的」な強い条件整備型政府までを想定する条件整備概念は、政府の影響力に着目しつつも、その強弱についてはより包括的であると言えるかもしれない。しかしながら、様々な政府像は、条件整備の概念と共通しており、供給主体多様化・市場化など同一の現象に対する別々のネーミングと理解したほうがよいのかもしれない。また、それぞれの政府像は様々な論者によって様々に語られており、筆者が把握していない概念も存在することが予想される以上は、条件整備型政府の概念をあえて使わなければならない優位性を明確にすることはやはり困難と言わざるを得ないのである。

　結局のところ、条件整備型政府の概念を採用した理由は、社会福祉サービス研究の分野において用いられる頻度がそれなりに高いということ、公共サービスの供給主体多様化の状況においても政府の存在意義や影響力を重視していること、原語である enabling、それを日本語訳した場合の「条件整備」という言葉の語感が本書にとっては都合が良いこと、などの点に限られる。本書の執筆時に、実は「条件整備」の原語である enabling および enabler が、行政

学や社会福祉学以外においても様々に用いられることを知った。そのうちの1つが、精神医学や心理学の領域である。イネーブリング、イネーブラーと表記され、基本的にはサポートを必要とする被援助者の自立を援助する行為や主体を表す意味で肯定的に使用されるようである。しかし、一方で否定的な意味で用いられることもある。イネーブリング、イネーブラーは、被援助者の問題行動を助長し、状況を悪化させる主体でもあるのだという。例えば、アルコール依存症患者の配偶者で、職場に欠勤の連絡を代わりに行ったり、アルコール飲料購入代金を集めたりする人は、共依存の状態にあるとされ、悪い意味でのイネーブラーとなる（信田 1999: 56-58, 168-169）。こうした心理療法・精神医学における enabling, enabler の用法は、政治・行政の文脈でも共有できそうである。政府が市場や組織を支援し、その成長を促すことも多々あるが、政府が市場や民間組織をだめにした事例も枚挙にいとまがない。enabling という言葉には、異なった主体間の肯定的・否定的影響を意味しており、これは政府民間関係を視点とする本書にとって都合が良い。同様に日本語である「条件整備」という言葉も本書にとっては都合が良い。良い条件整備もあれば、悪い条件整備もある。

第3節　条件整備の手法

　条件整備の概念を用いることで、本書の立場も明確になる。第1に、公共サービスの市場化を議論の前提にするということである。Walsh は様々な条件整備の概念を整理したうえで、イギリス地方政府の公共サービス改革を次のように総括している。「問題は、公共の領域で市場のメカニズムを使うかどうかということではなく、市場独自の性質をどのように利用していくかということなのだ」（Walsh 1995a: 256）。本書の立場もこの考えに従っている。すなわち、公共サービスの市場化を許容して議論を進めるということである。公的責任を強調する立場から、公共サービスの市場化に反対する見解も多い。こうした立場の論者は条件整備型政府などの新しい政府像を拒否する可能性がある。

むろん、筆者も、自由主義的な経済学者に無条件に同意して、ありとあらゆる公共サービスをすべて民営化せよと述べるつもりはない。どの程度の市場化が妥当かはサービスごとに慎重な検討が必要ある。しかし、無制限に市場化に反対する立場もとらない。国家、地方政府における財政上の制約を考慮すると、市場化にともなう成果が見込まれるのであれば可能な限り市場化を検討せざるを得ない、というのが本書の立場である。

　市場化を受け入れたうえで、本書は、供給主体である民間組織やそれらの競争条件に対して、政府が一定の判断能力を発揮し、適正な手法をもって関与し、市場化をコントロールすることを望んでいる。Walsh によれば、「公共領域は、ある1つの価値が別の価値に対してバランスをとられる、という領域」（Walsh 1995a: 256）に他ならない。いかなる方向の「条件整備」に進むにしても、全体の利益と個人の利益のバランスを判断し、同時に、対立する価値観や利益を判断していくという政府組織の役割は本質的なものとして残る。そして、そのような役割を担っていくために、公共セクターは価値観や利益の対立を解決していく能力を向上させることが必要なのである。「われわれは判断力を改良する必要がある。判断力にはみんなに受け入れられやすい結論にたどり着くためにある価値観を他の価値観に対して測ることができる能力が大きく関わっている。判断は難しい。しかし公共領域は、事業を実施する際の裁量、あるいは高度な政治的選択なくしては成り立たないようなサービスを扱っているのである。公共領域は対立する価値によって成り立っており、われわれが測定の際にあてにできる絶対的な目標というものがないのである。公共サービスのマネジメントにおいて政治的なレベルが必要になるのは、このように目標や価値が対立しているからなのであり、バランスのとれた判断を積み重ねて決定にたどり着くことは、公益とは何かの決定に他ならないのである」（Walsh 1995a: 256）。そして、より適正な市場への関与が模索されなければならない。David M. Van Slyke は、公共サービス民営化の成功条件として次の2つをあげている（Van Slyke 2003: 296）。1つは 競争の有無である。Van Slyke は、Eric Savas の「すべての民営化の最も重要な目標は、公共サー

ビスの提供に競争と市場の力を持ち込むこと」（Savas 2000: 122）を引用し、競争発生が民営化成功の第1条件であるとしている。そして、もう1つは、政府の行政管理能力の有無である。Donald F. Kettl などに言及しつつ（Kettl 1993）、競争の効用を得るために、政府は賢い買い手でなくてはならないし、巧みな購入主体でなくてはならないし、民間セクターが提供する財・サービスの洗練された監視者でなければならないのであると述べ、契約マネジメントの経験、交渉・取引・調停の能力、プログラムを監査する能力を持った職員が必要になると述べている。政府は、市場化について相当な機能を果たさなければならないのである。

　Gilbert は「小さな政府」が提唱される時代において、逆に条件整備型政府の影響力が種々の規制を通してむしろ増強されている点を指摘している。「社会福祉活動が公的な支援と普遍的な給付をともなって民間部門による実行へと移行していけばいくほど、規制の機能は一層強化され、正当化されるという方が実情であろう。同時に社会サービスの供給を行う集権化された民間の組織体が出現してくれば、公的な規制を行うことはより平易」（ギルバート＆ギルバート 1999: 22）になるのである。どういった関与が、より良い成果をもたらすのか、手続として適正であったのかについて、政府組織には真摯な検討が求められる。前述のように、心理療法・精神医学の分野では、イネーブリング、イネーブラーは、基本的にはサポートを必要とする被援助者の自立を援助する行為や主体を表す意味で肯定的に使用される。しかし一方で、被援助者の問題行動を助長し、状況を悪化させる主体でもある。政府は、良きイネーブラーとなる必要がある。

　以上の議論から抽出される論点は、公共サービスの供給主体多様化・市場化に対して政府は「どのような手段で、どのような条件整備をしているのか」、そこに「どのような問題が生じているのか」ということに他ならない。条件整備型政府の条件整備の内容の描写と、問題点の解明こそが本書の根本的な問題意識なのである。公共サービス供給主体の多様化・市場化に対する「政府の関与」の具体的内容は、政策手法（policy tools）という概念によって整理で

図表5　Salamon によるニュー・ガバナンス・パラダイム

古典的行政学	ニュー・ガバナンス
行政機関本体事業	政策手法（ツール）
ヒエラルキー	ネットワーク
公 vs 私	公＋私
命令・統制	交渉・説得
マネジメント型スキル （Management skills）	条件整備型スキル （Enablement skills）

（出所）Salamon（2002: 9）

　きそうである。Salamon は、営利組織・非営利組織など様々な組織の競合や
ネットワークによって公共サービスが提供される状況において、古典的行政
学ではなく政策手法に注目したニュー・ガバナンス・パラダイムというアプ
ローチを提唱している（図表5）。新しいパラダイムにおいては、政策手法が
重視され、営利・非営利の様々な組織を活性化し、統合や調整を図っていくと
いう enablement skill が重視される（Salamon 2002: 9-18）。堀雅晴は、政策
手法の選択が「文化的規範やイデオロギー傾向によって決まるものであって、
技術的決定ではなくて政治的」なものであり、「例えば米国では市場重視のバ
イアスに基づいて、西欧では市場に対する用心深さと国家依存への好意に基づ
いて、それぞれに合ったツールの選択が行われる」（堀 2003: 32）と Salamon
の考えを要約している。この説に従えば、多様化した公共サービス供給主体、
市場化した公共サービス提供環境に対して用いられている手法もそれぞれの国
の事情を反映し、特異性を映し出すと思われる。
　政策手法の分類には様々な見解がある。前述の NPM に基づいた行政改革も
政策手法の類型になりうる。市場原理、顧客主義、成果主義、分権化・権限移
譲などの要素を持つ諸改革を、幅広く新しい政策手法として捉えていくことが
可能である。例えば、民営化や民間委託の促進、民間委託の新手法（PFI、指
定管理者）、サービス評価、人事・予算編成の手法も含まれることになる。ま
た「資源」の概念に基づく、いわば狭義（ミクロ）の政策手法の類型化もあ
る。日高昭夫は、「政策の意図する目的に沿うように人々の行動を誘発するた

めの手法が『政策手法』であるとするならば、それらの行動を誘発する動機ないし需要の性質に応じて政策手法を分類するのが最もリーズナブルである」（日高 2002: 165）と述べ、Vedung らの見解を踏まえて、政策手法概念の類型化を行っている。それによれば、政策手法は次の3つに分類できる。まず1つめは規制手法である。法律や条例に基づく行動の規制という強制力の強い方法により、政策目的の実現に貢献する政策手法の一類型である。強制力の強さに応じて無条件の禁止、免除、許認可、届出などの方法がある。2つめが経済手法である。物的誘因を提供することにより、個人や企業の経済計算（損得勘定、コスト意識）に働きかけ、その自発的意志による行動を一定の方向に誘導する政策手法である。サービスや施設、補助金や税制優遇措置などのインセンティブ（経済的利益）を提供して望ましい行動へと誘導するものと、環境税やごみ有料化のようなディスインセンティブ（経済的不利益）を課して望ましくない行動を抑制しようとするものである。そして3つめが情報手法である。個人の認識、信念、倫理感などに働きかけ、その補強や変容によって、自発的意志による行動を一定の方向に誘導する心理的な政策手法である（日高 2002: 165-169）。これらの3類型は公共サービスの受け手である市民に対するコントロール手段として想定されていると思われるが、企業・NPO といった間接供給主体に対するコントロール手段としても有用である。

　本書は、NPM 的政策手法の分類としては、民営化・民間委託の促進（供給主体の多様化・市場化）、資源に基づいた政策手法の分類としては、間接供給主体への規制手法としての法的規制（認可、参入規制）、経済手法としての補助金・税制措置に注目することになる。社会福祉サービスの民営化・民間委託の進展は、供給主体の多様化・市場化をもたらしたが、様々な供給主体に対する法的規制や補助金・税制優遇措置はどのような課題を引き起こしているのかを検討することが必要である。

第4節　準市場の市場構造

　公共サービスの民営化・民間委託が進展する時代における政府像として、本書は条件整備型政府の概念を選択した。一方で、公共サービスの市場化状況については、「準市場（quasi-market）」という概念も用いられるようになっている。準市場の概念は、イギリスで1990年代はじめから、医療・教育・福祉など公共サービス分野への市場メカニズム導入を総称して使われるようになった。日本では90年代後半から準市場概念が用いられるようになったが、その中心は社会福祉サービスと言ってよい。介護保険や社会福祉基礎構造改革における供給主体多様化や競争原理導入を経て、特に介護保険適用となる高齢者福祉サービスを中心に日本の社会福祉サービスに対しても、準市場の概念が適用されるようになっている。駒村康平によれば「公的介護保険の導入は、単に財源政策ではなく、医療市場から介護市場への市場代替政策であり、介護サービスの需要・供給構造に競争原理を導入する準市場メカニズム導入政策でもある」（駒村 1999a: 276）。また、八代尚宏は、2000年の社会福祉法の改正と公的介護保険の導入が、サービスの購入者と供給者が分離され利用者が政府から購入権を付与されて、民間事業者の生産するサービスを直接購入する制度への大転換であるとし、「この結果、依然として政府の介入を前提としたものではあるが、公的部門に擬似的な市場メカニズムが導入される『準市場』が形成されたことになる」（八代 2003: 19）と結論づけている。介護保険適用となる高齢者福祉サービスだけでなく、支援費の対象となる障害者福祉サービス、保育所などにも準市場概念の適用は可能であると考えられる。このように、わが国の社会福祉サービスへの準市場の概念の適用については、その程度や適用方法について意見が分かれることはあっても、概念の適用そのものには大方の賛成を得られる状況であると言えよう。アメリカの社会科学分野においても準市場という概念は用いられているようであるが、社会福祉サービスの供給主体多様化と競争的供給は「民営化（privatization）」と表現されるのが一般的である。しかし、アメリカにおいて公的財政支出のもと競争的環境で社会福祉サー

ビスが提供されている現状を考慮すると、アメリカにおいても準市場という概念枠組みを使った分析が有効であると思われる。

　準市場の定義については諸説ある。駒村は、準市場を「購入と供給の分離による供給者間の競争の促進という形で公的部門の内部に市場メカニズムを導入することにより効率性を高める擬似的な市場メカニズム」（駒村 1999b）と定義している。準市場研究に大きな影響力を与えたJulian Le Grand らは、準市場の「準」の部分については、①営利だけでなく非営利組織もいること、②消費者の購買力が現金の形をとらず、単一の購入機関に集中されているか、バウチャーの形で利用者に分配されていること、③消費者は自分で行動するのではなく、代理人によって代表されていること、をその特質と指摘し、「市場」の部分については、独占的な国家の供給者を競争的な独立の供給者によって置き換えること、と指摘している（児山 2004: 133-134）。

　児山正史は、このような Le Grand の指摘に批判的である。児山によれば、「準」の部分については、①非営利組織の存在は定義にならない、②サービスの費用を利用者でなく政府が負担するという点が含まれていない、「市場」の部分については、①独占市場の可能性もあることから「競争的な独立の供給者」は定義にならない、②国家も供給者として残ることもあることから「独立の供給者におきかえる」ことは定義とならない、③利用者の選択という要素が入っていない（児山 2004: 133-134）。以上を踏まえて児山は、「準市場」とは政府が費用を負担し、当事者間に交換関係がある方式であると定義している。「準市場が『準』であるのは、サービスの費用を利用者ではなく政府が負担するからである。準市場が『市場』であるのは、当事者間に交換関係があるからである」（児山 2004: 134）。

　イギリスやアメリカで提案された準市場概念がわが国の社会福祉サービスに適用可能だとしても、準市場の様態は各国様々であり、わが国にはわが国の特徴的な問題点が指摘されうることが予想される。日本の社会福祉サービスにどのような特徴的な問題点が指摘されうるのだろうか。

　このような問題を扱った先行研究として、平岡公一、佐橋克彦の研究があげ

られる。平岡、佐橋は Le Grand らの議論に基づき準市場が機能するための条件として次の5つの問題領域をあげている。その5つとは、①市場構造（供給主体の数やサービスの質・応答性を確保するために、供給主体間の競争や新規参入策・退出防止策が必要であること）、②情報（参加や費用、質についての情報が必要であること）、③取引コストと不確実性（準市場の構造における取引過程は複雑なため、不測の事態や処理の遅延・損害に対するコストを考慮しておく必要があること）、④動機付け（市場から好反応を得るためには供給者が利潤動機を持つ必要があるとする一方で、特に購入者は利用者の福祉追求という動機を持つことが必要であること）、⑤クリーム・スキミング（供給者が自分にとって都合の良い利用者を選ぶといった「いいとこ取り」を防止する必要があること）である（平岡 2002: 16-20；佐橋 2002: 141）。そして平岡は、日本の介護保険制度とイギリスとの比較を通して、このなかから市場構造（サービス供給システムの相違）、情報について次の3つを日本の準市場の特質として強調する。第1に市場構造について言えば、選択権の場所に違いがある。日本では、利用者本人もしくは家族に選択権がある。平岡は、スウェーデンの研究者 Bjorm Blom の説明を踏まえて、イギリスを「サービス購入型」、日本を「利用者補助型」に分類し、その結果、日本のほうが購入者・供給者の数が大きく、競争的介護サービス市場が発生する可能性が高い（ただし、地域格差、施設への参入規制は考慮される必要がある）と指摘している。第2も市場構造に関わるが、日本の場合、価格の上限規制があり、価格の競争は限定的になること、そして第3に、情報の非対称性について言えば、日本のほうが個々の利用者がサービスを購入することになっているため情報の非対称性が顕著になること、を指摘している（平岡 2002: 16-20）。平岡は、2000 年 12 月から 2001 年 1 月にかけて地方自治体（町村部を除く特別区と市）の介護保険担当課に対してアンケート調査を行い、これらの日本的な特質について実証化を試みている。特に市場メカニズム導入のメリットとされていることがどのくらい実現されているかを問う質問として「利用者の選択の幅の拡大」「競争によるサービスの質の向上」などの項目が設定されている。アンケートは対象

となる自治体の人口規模によって分類されているが、「利用者の選択の幅の拡大」については「かなりある」もしくは「一部ある」という回答を合計すると90％を超えている。また、「事業者の急激な参入や撤退によるサービス供給体制の不安定化」を問う質問では、小都市、特に人口3万から5万の都市で「一部ある」の比率が高く、平岡は事業不振による営利的事業者の撤退がこの規模の都市で目立っている、と分析している。そして、「競争によるサービスの質の向上」については、「わからない」という回答が30％程度あるものの、「かなりある」「一部ある」と答える自治体が50％を超えている（平岡 2002: 22）。この調査の結果からすると、自治体の担当者は人口規模によって多少は変化するものの、概ね介護保険によって介護サービスに一定の競争原理が導入され、それによってサービスの質も向上するようになったと考えていると言える。しかし、この調査は自治体の担当者に対してその意識を問うたものであることに注意が必要である。担当者の実感は、実際の利用者の選択の幅、サービスの質についての利用者の満足度に基づいたものではない可能性がある。実感を自治体担当者が正確に把握しているとは限らず、利用者選択の拡大、サービスの質向上という介護保険の政策目標を自治体担当者が強く意識したことの反映であるとも考えられる。

　同じく Le Grand らの指摘する準市場が機能する5つの条件に基づいて、日本の介護保険制度の課題とその特質を指摘するのが佐橋である。佐橋の見解によれば、第1に市場構造については、イギリスでは、購入者（地方政府）が競売的な方法を通じて供給者（事業者）からサービスを購入し、利用者に配分する構造になっているが、日本では購入者（利用者）と供給者（事業者）を介護報酬によって媒介する構造となっている。第2に情報については、社会福祉・医療事業団の情報ネットワークシステム「WAMNET」など一定の情報供給体制があるものの、制度的な保障が乏しいこと、第3に取引費用については、不測の事態への対応策が不備であることが指摘されている。そして、第4に動機付けについては、歪められた動機付けが存在すること、第5に供給者によるクリーム・スキミングの可能性が指摘されている（佐橋 2002: 143-

147）。佐橋はこれら5つの成功条件のもとでの日本的特質をあげ、準市場が目標とする価値基準が現状では達成途上か、もしくは方向性が異なることこそがわが国の準市場化の特異性であるとしている。達成途上の価値基準とは、応答性・選択性という基準である。応答性に関しては、保険給付対象に由来する限界があること、選択性に関しては情報公開等に関して制度的保障が乏しいこと、が指摘されている。また方向性が異なる価値基準としては効率性・公平性があげられている。効率性に関しては、わが国の場合、生産性効率よりも粗効率性を指向していること、公平性に関しては、責任の所在を契約化により曖昧化させながらサービス供給における行政の関与の度合いを低めていること、が指摘されている（佐橋 2002: 144-147）。

　以上のように、平岡、佐橋の見解は Le Grand の説を前提に、日本の準市場の課題、またはその特異性を述べるものである。筆者もこれらの説を妥当なものであると考えている。しかし同時に、日本の社会福祉サービスの準市場が抱える課題が以上のような見解にとどまらないように思えてならない。本書が注目するのは、準市場の市場構造である。準市場における市場構造は所与のものではなく、政府が公費支出に際して構築する様々な制度によって成り立っている。営利・非営利の様々な組織が参加し、利用者が自らサービス事業者を選択する競争的環境においては、多様な供給主体に対する多様な関与が市場構造を形成し、場合によってはそのまま競争上の制度較差になりうるのである。こうした制度較差が顕在化しているのが、日本の社会福祉サービスである。伝統的な供給主体である社会福祉法人と営利法人・NPO法人との間には、法的規制・財政措置において大きな制度較差がある。この制度較差の扱いをめぐり、営利法人等の参入推進を求める規制緩和論者と、伝統的な社会福祉法人を擁護する立場で大きな対立を招いている。競争条件較差の公平化（較差があることの根拠を明確にすること）こそが、わが国の社会福祉サービスの準市場が直面する最大の課題であると考える。

第3章

社会福祉法人制度

第1節　社会福祉法人の概要

　社会福祉法人は、1951 年の社会福祉事業法制定により、社会福祉事業を行うことを目的として設立された法人である。現在、社会福祉事業法は社会福祉法に改正されており、同法第 22 条において、「この法律において『社会福祉法人』とは、社会福祉事業を行うことを目的として、この法律の定めるところにより設立された法人をいう」と規定されている。社会福祉法人にも様々な性質上の違いがあり、福祉施設・事業所などを運営する施設経営法人、地方公共団体によって設立される社会福祉事業団、社会福祉協議会、共同募金会などに分類できる。1990 年度末に 13,356 法人（うち施設経営法人 10,071、その他は社会福祉協議会 3,074 など）が存在したが、2012 年度末においては19,407 法人（うち施設経営法人 16,981、その他は社会福祉協議会 1,901 など）が存在している。所轄庁の割合も様々で、一般市 9,131 法人（46.1％）、指定都市 2,652 法人（13.4％）、中核市 2,379 法人（12.0％）、都道府県 5,245法人（26.5％）、国 403 法人（2.0％）となっている（厚生労働省「社会福祉法人基礎データ集」第 1 回社会保障審議会福祉部会参考資料 2、2014 年 8 月27 日）。近年、一般市内に所在し、市内においてのみ活動する法人の認可・指導監査権限が一般市へ移譲された。

　社会福祉法人の性格を理解するためには、様々な法人との比較が必要であろう。法人とは自然人以外で権利義務の主体となるものを言う。目的別に主要な

図表6　法人の分類

区分	法人の種類	根拠法
国 都道府県、市町村等		地方自治法等
特殊法人 独立行政法人		個別の特別法 独立行政法人通則法
非営利法人	公益社団法人、公益財団法人	公益法人認定法
	宗教法人	宗教法人法
	学校法人	私立学校法
	社会福祉法人	社会福祉法
	特定非営利活動法人 （NPO法人）	特定非営利活動促進法
	医療法人	医療法
	一般社団法人、一般財団法人	一般社団・財団法人法
	協同組合 労働組合等	消費生活協同組合法 労働組合法等
営利法人	株式会社等	会社法

（出所）我妻・有泉・川井（2008: 63-67）を参考に筆者作成

　法人を分類した場合、図表6のように整理できると思われる。国や地方公共団体などの公的機関を除く民間組織は大きく分けると非営利法人、営利法人に分類することが可能である。代表的な非営利法人として一般社団法人・一般財団法人、公益社団法人・公益財団法人、学校法人、そして社会福祉法人などがあげられる。代表的な営利法人は株式会社等である。法人の設立に対する国家の関与の程度も様々であり、次のような区別もある（森泉 2004: 36-40）。

①特許主義（法人を設立にあたっては特別の法律制定を必要とするという主義）
②許可主義（法人の設立を、法定の要件に加えて主務官庁の自由裁量に委ねる主義）
③認可主義（法定の要件に加えて主務官庁の認可を受けることによって法人が

設立されるという主義。学校法人、社会福祉法人はこの主義によって設立される）

④認証主義（法人格の取得に関し所轄庁の認証を要するという主義。宗教法人、特定非営利活動法人はこの主義によって設立される）

⑤準則主義（法人の設立要件をあらかじめ法律で一定しておいて、この要件を備えれば当然に法人とする主義。一般社団・財団法人、会社、労働組合などの設立はこれに該当する）

　社会福祉法人は、民間の非営利法人の1つである。活動によって得た利益を構成員（出資者）に分配しないことを前提としている。伝統的に民法上、法人の性格を社団法人（一定の目的のもとに集まった人の団体）と財団法人（一定の目的のもとに集められて管理される財産）の2つで分類することも行われてきたが、認可にあたって一定の財産要件が求められる社会福祉法人は財団法人としての性格も持つものと言えよう。また、公益社団法人・公益財団法人、宗教法人、学校法人などとともに、社会福祉法人も、その活動が自己の利益でなく、広く社会全体の利益に資するものであることから高い公益性があるとされ、事業についての規制を受けると同時に補助金・税制優遇措置が幅広く認められている。以上から、社会福祉法人は非営利法人、財団法人、広義の公益法人としての性格を持ち、社会福祉事業を行う民間団体である、と定義できそうである。

　前述のように、社会福祉法人の設立目的は社会福祉事業の実施である。社会福祉事業は、社会福祉法によって第一種社会福祉事業、第二種社会福祉事業に分類されている。第一種社会福祉事業は、主として施設サービスであり、施設内における人権侵害行為の防止、突然の施設閉鎖を防ぐための財産管理を行うため、強い法的規制が存在している。原則として、地方公共団体、社会福祉法人に事業主体が限定されていることが多い。老人福祉法に基づく特別養護老人ホーム、生活保護法に基づく救護施設などが第一種社会福祉事業の代表例である。第二種社会福祉事業は、主として在宅サービスや通所サービスであり、経

営主体の制限が緩い。社会福祉法人は、特に第一種社会福祉事業の運営を期待
されていると言えよう。

　社会福祉法人の歴史は長く、戦前の民間慈善・社会事業活動にその起源を遡
ることができる。明治期、近代化・工業化とともに貧困などの社会問題が拡大
する。しかし、公的な救済制度は不十分であり、民間の宗教家や篤志家が自発
的に社会問題改善に取り組んだ。1887年に石井十次が創設した岡山孤児院、
1891年に石井亮一が設立した孤女学園（現・滝乃川学園、知的障害者支援施
設）、1899年に留岡幸助が設立した家庭学校（現・北海道家庭学校、児童自
立支援施設）などが有名である（金子 2005: 210）。こうした社会活動の一部
の活動・施設は戦後に継承されるが、多くは資金不足などにより、戦前に活動
停止や解散に追い込まれた。戦後、現在の日本国憲法において社会福祉の増
進が国の義務となり、公的責任による福祉の実施が強調された。一方で、政府
や事業者は民間による福祉活動に期待を寄せた。民間福祉活動の発展のために
は次のような問題があり、それらを解決する目的で社会福祉法人が設立される
ことになった。第1に、社会事業の信用回復である。終戦直後の生活困窮者
救済事業などで、一部の施設が収益追求に走るなどの問題が発生。政府による
規制が望まれた。第2に、憲法第89条への抵触を回避することである。GHQ
は公的責任による福祉サービスの実施を望み、民間福祉団体への安易な補助金
支出が憲法で禁止された。社会福祉事業法を制定し、民間福祉団体を「公の支
配」下に置くことで、憲法上の問題をクリアして、民間福祉団体への補助金支
出を可能にした。第3に、課税回避である。1949年8月の「シャウプ勧告」
によって非営利法人への課税強化が打ち出されたが、社会福祉法人という新法
人を設立し、公益性の高い特別法人とすることで課税を回避した（北場 2002:
38）。

　社会福祉法人の運営組織体制は、主として理事会、監事、評議員会によって
構成される。2016（平成28）年3月31日、第190回通常国会において改正
社会福祉法が成立した。社会福祉法人制度の改革から福祉サービスに従事する
人材確保の推進まで、今回の改正内容は幅広いものとなっており、社会福祉法

人の運営に大きな影響を与えることが予想されるが、重要な改正点として、評議員会の議決機関化があげられる。組織運営の強化を目的とした評議員会の議決機関化は法人の意思決定に大きな影響を与える可能性がある。従来、理事の人数は社会福祉法上では3人以上とされる一方で、厚生労働省通知「社会福祉法人審査基準」によれば6人以上とされ、不明確にされていた。同様に、監事は社会福祉法上では1人以上とされる一方で、「社会福祉法人審査基準」によると2人以上とされていた。今改正では、法律上において、理事は6人以上、監事は2人以上とされ、それぞれの定数が明確にされた。評議員会は従来、理事の定数の2倍を超える数とされてきたが、理事の人数を超える数と改められた。従来は、理事・監事の選任もいくつかのパターンがあり、不明確な部分があったが、今改正において、理事・監事ともに評議員会の議決によって選任されることとなった。理事による理事会が法人の事業の執行にあたり、監事が理事会による業務執行状況および法人の財産状況を監査するという基本構成に変化はない。しかし、従来は諮問機関として位置づけられてきた評議員会には理事・監事の選任のほか、多くの権限が授けられ、議決機関としての役割が与えられた。理事会の権限を抑制し、外部のチェック機能を働かせるねらいがあるように思われる。社団としての性格を持つ株式会社（取締役会設置会社の場合）は取締役会が日常業務の意思決定を行い、株主総会が定款の変更、役員の選任・解任、役員報酬など重要事項を決定する議決機関となる。また、公益財団法人・一般財団法人においても、理事会が業務執行を決定し、評議員会が議決機関となる。一方で、財団としての性格を持つ学校法人などは理事会に強い権限が残されており、評議員会は諮問機関とされている。社会福祉法人も財団としての性格を持つが、今回の改正により、少なくとも法律上は、執行と議決の分離が行われ、公益財団法人・一般財団法人と同様のしくみとする変更が行われている。理事の選任・解任権限を評議員会に付与すると、法人を設立し、今まで法人を率いてきた理事が評議員によって解任されてしまう事態が発生する可能性もないとは言えない。理事会が何の問題もなく通常の業務執行をしているのに、突然、評議員会によって解任される事態は想定されていな

いようであるが、どのような状況において評議員会が理事を解任できるのか、あるいは理事会と評議員会の意見が対立した場合はどのように仲裁されるのか（司法の場に委ねられるのか）、不明確な部分もあるように思う。

　社会福祉法人には組織体制の明確化以外に、基本財産の保有が求められる。社会福祉施設を運営する場合、事業に直接必要な物件について所有権を有していなければならないこと、同時に年間事業費の 12 分の 1 に相当する現金・預金を保有していなければならないこと、国や地方公共団体から不動産の貸与・使用許可を受けている場合は 1000 万円以上に相当する資産の保有が必要になることなどの要件がある。また、施設を運営しない場合は、原則として 1 億円以上の基本財産を有していることが条件となる。

　この他、社会福祉法人審査基準において、法人は、社会福祉法第 4 条の趣旨を踏まえ、地域福祉の推進に努める使命を有することから、その本来事業である社会福祉事業に支障のない範囲において、地域の様々な福祉需要に応える公益的取組（公益事業の実施のほか、低所得者に対するサービス利用料の減免等を含む）を積極的に実施することが求められるものであることとされている。以上のような、目的、組織体制、財産が認可の基本要件となるが、自治体の事業計画も認可に影響を与えると思われる。また認可にあたって政府による社会福祉事業の需給判断や財政制約が影響を与える可能性がある。厚生労働省「社会福祉法人の認可について（通知）」（平成 12 年 12 月 1 日〈最近改正：平成 24 年 3 月 30 日〉）における社会福祉法人審査基準は、「社会福祉事業のうち『生計困難者のために、無料又は低額な料金で診療を行う事業』は、社会情勢等の変化に伴い、必要性が薄らいでいるので、新規に行うものについては抑制を図るものであること」「第二種社会福祉事業である相談に応ずる事業のみをもって法人の設立を認めることは、公的相談機関の整備充実の状況を考慮しつつ、財政基盤、事業従事者の資質、事業実績等を充分に審査し、慎重に取り扱うものとすること」などとしており、こうした審査基準も認可に大きな影響を与えていると思われる。

　その他、法人運営に関する様々な規制が存在している。著しく不適切な運営

を行う法人に対しては、役員解職請求や法人解散命令といった行政機関による介入が行われる。また、運営費の支出対象経費などに関する規制、事業収入は社会福祉事業へ充当され配当や収益に支弁できないこと、事業を実施するための財産が法人所有となり、事業を廃止した場合の残余財産は他の社会福祉法人または最終的には国庫に帰属することなど、経費支出や財産処分に様々な制約が課されている。

　社会福祉法人制度をめぐる議論は長らく続けられてきたが、2000年代前半に1つのピークがあったように思う。例えば、2003年7月15日、内閣府・総合規制改革会議は、構造改革特区において株式会社等が「民設民営方式」によって特別養護老人ホームを運営することを解禁し、施設整備費補助金等を株式会社等にも適用すべきであると主張した。また、厚生労働省・社会保障審議会福祉部会意見書「社会福祉法人制度の見直しについて」（2004〈平成16〉年12月公表）は、社会福祉法人による公益的取組の推進、経営責任の明確化（評議員会の諮問機関としての機能の明確化、理事構成の見直し）、行政関与の簡素・弾力化（運営費収入の使途の弾力化など）を主張した（厚生労働省2004b）。特に介護の分野を中心に、株式会社やNPO法人などの新規事業者が福祉サービスに参入するなか、より一層の参入規制の緩和や、社会福祉法人の存在意義や運営体制の確立が課題として認識されるようになったと思われる。

　2010年代に入ってからの社会福祉法人をめぐる議論は、社会福祉法人に対する補助金支出や税制優遇措置の意義・正当性、法人の組織・運営体制といった点を中心に展開された。2016（平成28）年の社会福祉法改正の内容は多岐にわたるが、法人組織体制の再構築と内部留保の明確化が大きな改正点であることは明白であった。これを推進する厚生労働省の姿勢は、厚生労働省・社会福祉法人の在り方等に関する検討会の報告書「社会福祉法人制度の在り方について」（2014〈平成26〉年7月4日公表）においても明確に打ち出されている。同報告書は、社会福祉法人の組織体制は「ガバナンスを確保する仕組みとして十分とは言えなくなっている部分がある」として、理事会・評議会などの役割明確化といった体制強化の必要性を指摘し、法人の合併・事業譲渡、分

割手続、協働での法人設立といった法人の規模拡大・協働化も述べている。また、社会福祉法人への補助金や税制優遇措置のメリットが法人内部に蓄積されていると指摘し、財務諸表の積極的な公開などを求めた。そして、地域における公益的な活動が一部の社会福祉法人にとどまっていることなどを指摘し、すべての社会福祉法人に対して「法律上、実施義務を明記することを検討すべきである」としている。特に、社会福祉法人と他法人との公平性の観点からも、こうした活動への取り組みが社会福祉法人の存在意義に関わると述べている（厚生労働省 2014）。

第2節　イコール・フッティング論

　社会福祉サービスの供給主体多様化・市場化にともなって、特に 2000 年代前半、社会福祉法人に対する法的規制や財政措置を問題視する議論が浮上した。伝統的な供給主体である社会福祉法人と新規参入者である営利法人・非営利法人との格差（参入規制など）を批判し、その是正を求める主張、イコール・フッティング論である。

　中央政府レベルでは、2002 年 3 月に発表された公正取引委員会「介護保険適用サービス分野における競争状況に関する調査報告書—居宅サービスを中心に—」が、イコール・フッティング論の概要を簡潔にまとめるものとして有益である。この調査は、営利法人の居宅サービス事業者 4,845 社（9,285 社のなかから無作為抽出。有効回答数 3,735 社）と各都道府県国民健康保険団体連合会を対象にアンケート調査を実施したものである。その結果、明らかになったことは、居宅介護サービスに新規参入した営利法人事業者のほとんどが、社会福祉法人や医療法人（以下、社会福祉法人等とする）が競争上有利であると指摘しているということである。調査において営利法人に、社会福祉法人等と比較した場合に同一の競争条件に立っていると思うかどうかを聞いたところ、社会福祉法人等が有利であると思う、とする回答が 90.1％に達した。その理由としては次の 3 つの要因が大きな割合を占めている（公正取引委員会

2002a: 16）。

①社会福祉法人等は施設サービスを組み合わせたサービスが提供できるが、株式会社等は施設サービスを行うことができないこと（82.2％）
②社会福祉法人等に対しては施設建設に公的補助があること（61.1％）
③社会福祉法人等に対しては税制面で優遇措置があること（38.6％）

複数回答可

　以上の３つの指摘はそれぞれ前章で述べた３つの政策手法に対応する。すなわち、①は参入規制という法的規制に、②は補助金、③は税制優遇措置にそれぞれ対応している。また、同調査では市町村の行政運営が利用者獲得をめぐる事業者間の競争に与える影響についても質問が行われていて、要介護認定に関わる訪問調査を社会福祉法人が受託することにより利用者を獲得してしまうといった問題に大きな関心が寄せられている（公正取引委員会 2002a: 22）。結果を踏まえて、公正取引委員会は報告書概要説明のなかで、「市町村からの要介護認定のための訪問調査等の受託が利用者情報入手の効果的な手段となっている状況において、市町村によっては、特定の事業者に優先的な委託等を行っていることが利用者獲得をめぐる競争に影響を与えている状況がみられる」、「競争政策の観点からは、市町村において、訪問調査委託の基準等を明確にするとともに、委託に際し、特定の事業者を優遇しないようにすることが必要」であると述べている。公正取引委員会はこの調査に続く形で、2002 年 11 月に報告書「社会的規制分野における競争促進のあり方」を公表し、次のように述べた。「介護保険制度が開始された後、株式会社等が居宅サービスに参入することが可能となったが、今後、少子高齢化が急速に進展することにかんがみると、社会福祉法人等も含め多様な事業者が創意工夫を発揮できるように自由な事業活動への更なるインセンティブを付与することが重要である」。そして、「このためには株式会社等が多様なサービスを提供できるようにするなど社会福祉法人等との公正な競争条件を確保するとともに、価格競争が有効に機

能するための環境整備を行うとの観点に立って、以下の規制・制度の見直しが必要である」（公正取引委員会 2002b: 9）として、施設介護サービスの提供主体に関わる制限の大幅緩和、社会福祉法人等に対する優遇措置の見直しなどの競争条件の平等化のための制度改革を掲げた。

　2002 年 7 月に東京都が公表した「福祉サービス提供主体経営改革に関する提言委員会中間提言─社会福祉法人の経営改革に向けて─」も市場化、競争原理導入に積極性を示したうえで、従来からの伝統的なサービス供給主体である社会福祉法人と、その他の供給主体との間の関係について言及している。提言は、社会福祉サービスが「限られた人のための給付」から「普遍的なサービス」へと変化し、利用者が消費者として、自己決定のもとに利用・選択するというしくみに変わったこと、サービスの提供主体の多様化が社会福祉サービスの概念そのものを変化させていることを述べている。そして、憲法第 89 条の規定を回避し、民間社会事業施設に積極的に公費を投入するために創設された社会福祉法人が供給主体多様化の時代に対応できていないと述べている。「制度の上で参入規制が緩和されても、社会福祉法人に対する施設整備費の補助制度がある中で、それ以外の民間事業体には施設整備費に対する公費の投入がなされないという違いがあり、競い合いの条件に差がある結果、実際に参入できる事業体は極めて限定的とならざるを得ないのが現状である。福祉サービス分野におけるさまざまな規制を緩和することは、もとより重要であるが、多様な事業者によるサービスのレベルアップに向けた『競い合い』の条件を共通のものにすることがあわせて行われてこそ、緩和の実は上がる」（東京都 2002d）。イコール・フッティングという用語こそ用いられていないものの、企業や NPO といった新たな供給主体の参加にともなう、競争条件の整備という問題意識は前述の公正取引委員会の報告書と共通しているように思われる。

　政府、地方公共団体の報告書だけでなく、社会福祉サービスに参入した NPO 法人や営利企業からも社会福祉法人制度に対しては強い批判の声があがっている。厚生労働省の社会保障審議会福祉部会では第 8 回（2004 年 2 月 17 日開催）から第 10 回（2004 年 6 月 23 日開催）にかけて、競争条件の格

差や社会福祉法人のあり方について委員から発言が相次いだ。なかでも堀田力は、社会福祉法人の存在に厳しい批判を展開した。「社会福祉法人の存在理由として、社会の手が社会的援護を要する人々に届いていない事例が散見されるため、あるいは低所得者等の援助すべき人々のために社会福祉法人が活躍しなければならないという理由付けになっているが、それで一般の方々が納得するか疑問。高齢者介護の分野では社会的援護を必要とする人々だけではなく、保険料を納めたすべての人々が介護保険を利用できる仕組みに変わっている。その中で社会福祉法人の役割を見出だすならば、自己負担できない人たちだけ社会福祉法人が扱うのかということになってくるが、それならバウチャー制度で払えない人には券を渡して利用してもらえばそれで済むのではということになる。どのような理念で社会福祉法人の優遇措置を理由付けるのかが新しい制度との関係ですっきりしない」（厚生労働省 2004a）。堀田は、高齢者介護だけでなく、「保育の関係も同様で、生計を立てるために夫だけでなく妻も働く場合に、保育に欠ける乳幼児の保育を行うのが本来であるが、今では、経済的な理由に関係なく女性も働くことが一般的になっており、社会福祉の手が届かない人々への支援という本来の考え方と大きく乖離してしまった」と述べ、それら古い社会構造を前提として社会福祉法人が存在していることについて「説得力がない」と疑問を投げかけている（厚生労働省 2004a）。また佐口和郎も「社会福祉法人の公益性・公共性という問題に関しては、もう少し説明が必要。イコール・フッティングの議論を意識して、社会福祉法人の高い公益性、公共性を主張するほど、それは行政がやればいいではないかという議論になり、何故社会福祉法人という主体がやらなければいけないかという理由が不明になる。また、株式会社でもある種の社会的承認を根拠にしているという点では公共性を有していると言えるので、公共性の高い低いという説明だけでは議論が前に進まない」（厚生労働省 2004a）と述べている。

　前述の公正取引委員会の報告書においても指摘されていたように、法的規制・補助金・税制優遇措置という政策手法以外に慣例的信用度といった差も存在する。2003 年 10 月 30 日の毎日新聞夕刊によると、NPO 法人から社会福

祉法人に転換した横浜市のある団体の関係者は「NPO の時は、横浜市から全く相手にされなかったが、今は交渉のテーブルについてくれる。社会福祉法人に転換すると、行政の『信頼』が一気に高まる。横浜市から初めて、知的障害者が働く軽食店の運営に声を掛けられて驚いた」と述べているが、自治体の社会福祉法人への慣例的信用度の高さを示すものであると言える。この団体のように、法的規制や財政措置などの政策手法格差、慣例的信用度の差を認識して、NPO 法人から社会福祉法人へと転換する団体も増加している。横浜市に本拠を置く「たすけあい・ゆい」は NPO 法人から社会福祉法人へと転換した。介護保険下の収入実績第 1 位の同法人の転換は NPO 関係者に大きな衝撃を与えたという。

　田中尚輝は、NPO 法人 NPO 事業サポートセンターの公式ホームページにおいて 2004 年 6 月 30 日付でエッセイを寄稿し、社会福祉法人に対して極めて強い批判を展開し、NPO 法人の地位向上を主張している（田中 2004）。税制・補助金のメリット、職員の労働条件など、社会福祉法人には NPO 法人にないメリットがあるが、それらを理由に、NPO 法人から社会福祉法人に転換する団体があることに田中は疑問を投げかけ、そのような考え方は「根本的に間違っている 」と述べて強く反対している。田中によれば、社会福祉法人と NPO 法人は、いずれも公益法人であるとはいえ、その性格と成り立ちがまったく違う「対立の極地」にある存在であるという。NPO 法人は一言で表現するならば「市民公益」を代表する存在であり、市民一人ひとりが自らの自発性に基づいて「世のため人のため」に活動をしようというものである。一方、社会福祉法人は「社会福祉事業法（現「社会福祉法」）に規定されたものであって、本来は行政がおこなわなければならない措置福祉の委託先としてつくられたものであり『官許公益』を代弁するもの」であるという。「その受託内容は行政の完全なコントロール下にあり、施設であれば廊下の広さ、入居者の食事の値段、そして、職員の報酬までがんじがらめに規定されているのです。完全に行政のコントロール下に入ることとの交換として行政からの仕事が発注される、あるいは税制上の優遇措置が与えられているということなのです。

そして、私たちが見逃してはならないのは措置福祉のサービス機関として社会福祉法人が存在した、ということです。そうした措置福祉の時代を超えて、要介護者の自己決定権を保障した介護保険法の時代になり、その実施主体としてNPO法人が登場してきたという事実です」(田中 2004)。あくまで市民の手でつくり上げるのがNPO法人であり、NPOへの税制等の措置を獲得していくのがNPO関係者の使命であって、社会福祉法人の特典だけを獲得しようとするNPOは「堕落そのもの」であると言って強い批判を展開している。田中はまた、「他方、社会福祉法人に与えられている特典はあまりに巨大であるのに、その事業上の成果があがっていないために批判の声が大きくあがっています。近いうちに一般の法人並みになっていくでしょう」(田中 2004)と述べている。

第3節 法的規制(参入規制)

　以上のように、従来からの伝統的なサービス供給主体である社会福祉法人に対して、政府や新規参入者である営利企業・NPOから、法的規制(参入規制)、補助金、税制優遇措置についての格差是正を求める主張がなされている。前章での設定に従って、参入規制、補助金、税制優遇措置の制度の違いに焦点を当てた場合、イコール・フッティングの議論は図表7のような段階

図表7　イコール・フッティング論の展開過程

対象	サービス	制度内容の差	
		社会福祉法人	営利法人等
参入規制	特養	原則設置主体	設置禁止
補助金	保育所	強い財政措置	弱い財政措置
税制優遇措置	保育所 訪問介護		
その他 ・行政との関係における 　慣例上の優位 ・規模・知名度の優位	訪問介護	慣例上の優位	慣例上の劣位

(出所) 狭間 (2006: 40)

を踏み、上から下へ議論が展開されることになる。イコール・フッティングで最初に問題になるのは、そもそも、ある特定のサービスに特定の組織しか参入が許されていないことによる問題である。参入が法的に禁止されている組織はその参入解禁を求めてイコール・フッティングの議論を展開するこことなる。日本の福祉サービスにおいて、このような状態にあるものの代表は特別養護老人ホームである。設置主体になることができない、さらには運営主体にもなれない場合は当然、補助金や税制優遇措置の問題は発生しない。いったん設置主体としての参入が許可されると、次に補助金が問題となる。特に施設サービスの場合、施設建設等に多くの補助金が設定されており、その交付をめぐって供給主体間に差が生じることになる。日本の社会福祉サービスで、この状態にあるものの代表は保育所である。補助金がそれほど多く設定されていない場合、次に問題となるのが税制優遇措置である。たとえ補助金の差は表面化しなくとも、その収益に大きな影響を与える課税の差が供給主体間に発生し、この差の是正をめぐって営利法人等の主張が展開される。介護保険等における訪問介護（ホームヘルプ）はこの状態にあると言ってよい。以上のような差が仮に克服されたとしても、イコール・フッティングの主張が消滅するとは限らない。長らく伝統的な公共サービスの担い手であった組織は、前述のように行政機関との関係においても慣例上、優位な立場に立つケースがあることがわかる。また、知名度において新規参入者より優位な立場にあることが格差として主張されることがある。

　前節で指摘されていたように、イコール・フッティングで最初に問題になるのは、法的規制（参入規制）である。ある種の社会福祉サービスは、地方自治体等と社会福祉法人を独占的な供給主体とし、営利法人・NPO法人が参入できない。特に入所施設に関しては参入不可が現状である。社会福祉法を中心とした各法体系において、大部分の施設サービスには第一種社会福祉事業として強い参入規制があり、企業等の参入は不可能な状態である。また、第二種社会福祉事業においても通知等で参入が困難なものが存在しており、例えば、保育所は第二種社会福祉事業でありながら通知によって営利企業やNPOの参入が

実現しなかった。このような参入規制にも近年緩和が図られている。特別養護老人ホーム（介護老人福祉施設）では、構造改革特区において運営が認められた。北海道乙部町、岩手県一戸町などで株式会社が管理運営のみを行う特別養護老人ホームが登場している。しかし、あくまで公設民営形態によるもので、営利企業等の民設民営による参入は実現していないのが現状であり、また特区以外では引き続き社会福祉法人を事業主体とする方針のため、規制緩和論者から参入解禁の主張が根強い。

第4節　補助金・税制優遇措置

このように、社会福祉サービス分野におけるイコール・フッティング論の1つは、設置主体制限の格差是正を内容としている。しかし、より大きな問題となっているのは、営利法人による設置運営を認めた場合の格差の是正である。営利法人・NPO法人に施設の設置運営を認めた場合には、前述のような社会福祉法人に対する「強い財政措置（補助金・税制優遇措置）」、営利法人等に対する「弱い財政措置（補助金・税制優遇措置）」の格差が表面化してくる。この議論が表面化した施設サービスとして保育所をあげることができる。2003年3月30日の児童家庭局長通知「保育所の設置認可について」によって、市町村・社会福祉法人以外の主体（営利法人・NPO・学校法人・農協等）による保育所設置が可能となったが、規制緩和論者が批判するのは、これらの強い社会的規制があるにもかかわらず、営利法人の設置運営する保育所には、補助金が少ない点である。社会福祉法人が設立した保育所と営利法人やNPO法人が設立した保育所に、どの程度の補助金の制度較差があるのだろうか。

2005年度の制度に基づき、東京都および板橋区を事例として検討することにしよう。まず、施設整備費は企業には出されておらず、企業は自前の費用で施設建設にあたることを求められることになり、社会福祉法人とは初期投資に関して言えば大きな制度較差があることがわかった。運営費に関しても、自治体が支出する補助金に差がある。都レベルで運営経費の一部として保育所に支

出される補助金について、「平成17年度東京都保育所運営費補助要綱」に基づいて整理したのが図表8である。この図表の右側部分で、○印は営利法人等にも支出される補助金、×印は支出されない補助金である。要綱によると、東京都は、補助金支出の対象となる団体を「公1」「公2」「民1」「民2」という設置主体区分で分類している。保育所の設置運営の主体や方法の多様化に従って複雑に補助金支出が変化することが読み取れる。公1は区市町村が設置し、区市町村・社会福祉法人等の公益法人で運営される保育所に支出される補助金である。つまり「公設公営」「もしくは公益法人等による公設民営」の保育所を意味する。公2は区市町村が設立し社会福祉法人以外等以外の民間団体によって運営される保育所である。つまりは「公益法人等以外による公設民営」保育所を意味する。民1は社会福祉法人等設立の民設民営保育所、民2は社会福祉法人等以外による民設民営保育所を指し、企業立、NPO立保育所は民2の区分に相当する。図表8の×印は、支出の対象として民2が除外されているということである。

　都レベルにおける社会福祉法人と営利法人等の補助金の具体的金額差を明らかにするためには、社会福祉法人に支出されて営利法人等には支出されない補助金金額（×印の費目の金額）を正確に把握する必要がある。要綱によると、零歳児保育特別対策事業、零歳児保育推進事業、11時間開所保育対策事業、障害児保育対策事業、一般保育所対策事業の5つの費目が明らかになるが、これら5つのうち、ほぼすべての社会福祉法人立保育所に支出される11時間開所保育対策事業、一般保育所対策事業について金額を計算する。計算にあたっては、次の2つの条件設定が必要となった。1つは定員についてである。保育所に関わる補助金は児童一人あたりの単価が設定され、保育児童数によって金額が変化するため統一した定員を設定する必要がある。区レベルでの資料収集の種々の事情から、以下では定員36名の比較的小規模な保育所を設定する。もう1つは、民改率についてである。以下では都における平均的な民改率10％を設定する。

　この条件のもと、補助金を計算した場合、一般保育所対策事業における金額

図表 8　東京都における保育所運営経費

都レベルで営利法人・NPO 法人に支出される運営経費　○営利法人等にも支出　×営利法人等に支出されないもの

零歳児保育特別対策事業	保健師の配置	・零歳児の取扱人員が 9 人以上の施設に保健師等 1 名を配置するための経費 ・零歳児の取扱人員が 6 人以上 9 人未満の施設に保健師等の非常勤職員 1 名を配置するための経費	
	調理員の配置	零歳児の取扱人員が 6 人以上の施設に調理師 1 名を増配置するための経費	
	嘱託医手当加算	零歳児の取扱人員が 6 人以上の施設における嘱託医の手当に要する経費	
零歳児保育推進事業		零歳児未充足児童数に見合う保育士の配置に要する経費	×
11 時間開所保育対策事業	保育士加算	定員 60 人以下の施設に保育士 1 名、定員 61 人以上の施設に保育士 2 名を増配置するための経費	
	パート保育士加算	パート保育士の雇用に関する経費	
	暖房費加算	11 月から 3 月までの期間における 11 時間開所時間内の採暖の充実に関する経費	
障害児保育事業		・特別児童扶養手当支給対象児の処遇向上に要する経費 ・上記以外の障害児の処遇向上に要する経費	
一般保育所対策事業		保育事業の充実に要する経費	
保育対策等促進事業	乳児保育促進事業　乳児保育促進事業	年度当初において、乳児保育担当の保育士を確保するための経費	
	障害児保育円滑化事業	軽度障害児を含め、障害児を 4 人以上受け入れるための経費	
	保育所体験特別事業	認可保育所を利用していない親子等の、保育所体験等により親子の育ちを支援するための経費	
	休日・夜間保育事業　休日保育事業	休日保育事業に要する経費	○
	夜間保育推進事業	夜間保育事業に要する経費	
	待機児童解消促進事業　分園促進事業	保育所分園等の運営に要する経費	
	保育環境改善等事業　保育所障害児受入促進事業	障害児を受け入れるために必要な設備の整備・備品購入等に要する経費	
	分園促進事業	保育所分園の設置に必要な設備の整備に要する経費	

・社会福祉法人で確実に出るものを選んで計算
①一般保育所対策事業
　　・民改率（平均 10%）・定員 36 人（31～40）　単価 30,180 円 × 36 ＝ 1,086,480 円（月額）
　　　月額 × 12 ＝ 13,037,760 円
　　・13,037,760 × 1/2（補助率）＝ 6,518,880 円
②11 時間保育対策（社会福祉法人 90%以上実施）
　　保育士‥‥‥‥‥ 1 名　449,330 円 × 12 ＝ 5,391,960 円
　　暖房費‥‥‥‥‥ 50,000 円
　　パート保育士‥‥‥ 3 名　104,830 × 3 × 12 ＝ 3,773,880 円
　　・9,215,840（それぞれの合計）× 2/3（補助率）＝ 6,174,612 円
　　　　　　　　　　　　→（都レベル）合計して 1200 万円程度の差が発生

（注）　「平成 17 年度東京都保育所運営費補助要綱」より筆者作成。
（出所）狭間（2006: 46）を一部修正

は年間 6,518,880 円となった。要綱に基づき、定員 36 人（31 ～ 40 人区分）における児童一人あたりの単価月額 30,180 円に人数を乗じて、さらにこの年間の金額を求めた。要綱によるとこの金額の 2 分の 1 が補助金として支出される。この金額は社会福祉法人のみに支出され、企業立等保育所には支出されない。

　同じく、11 時間保育所対策事業についても計算してみることにしよう。この事業は、保育士加算、パート保育士加算、暖房費加算の 3 つによって構成されている。保育士加算については定員 60 名以下の施設では保育士 1 名分が加算されるため、1 名分の月額 449,330 円の年額を求めた。またパート保育士については 3 名分の年額を求めた。それぞれの合計を要綱の補助率に従って 3 分の 2 にし、実際の補助金を計算した。以上の結果、都レベルにおいては、11 時間開所保育対策事業、一般保育所対策という 2 つの事業だけでも、年間 1200 万円程度の補助金の差があることが明らかになった。

　同様に東京都下において、企業立保育所の参入があった板橋区の事例をみていくことにしよう。図表 9 は「板橋区私立保育所法外援護金実施要綱」に従って、板橋区において保育所に支出される補助金を整理したものである。板橋区の保育所への補助金は、児童処遇充実費と施設運営充実費に分類されている。〇印は営利法人等の運営する保育所に対して支出されるもの、×印は支出されないものであり、都レベル、営利法人等には支出されない補助金が存在することがわかる。企業立・NPO 立保育所への支出の可否についての基準は、児童の処遇に直接関係があるものについては企業立等でも支出可とし、施設維持など管理運営に関わるものについては支出不可とするのが原則である。途中入所児保育充実費、看護師雇上経費、延長保育充実費など、企業立保育所等には都の支出がない部分で、区のみが支出を行っている補助金もある。

　この要綱に基づいて、実際の補助金差の計算を行う。図表 10 は実例の紹介である。実在する社会福祉法人立保育所 A（定員 36 名）と、企業立保育所 B（定員 24 名）に対する年間の支出金額の差である。この場合、保育所 A への支出は、児童処遇充実費は 2,774,000 円（児童一人あたりの単価月額 6,430

第3章　社会福祉法人制度

図表9　特別区における保育所運営経費①

区レベルで営利法人・NPO法人に支出される運営経費（板橋区を事例とする）

児童処遇充実費			
保育充実費	保育内容充実費	○	
	賠償保険加算	○	
	職員処遇改善費	×	
	非常勤職員交通費	×	
	保育所施設整備費	×	
障害児保育加算		○	
途中入所児保育充実費		○	
看護師雇上経費		○	
延長保育充実費		○	
停止児加算費		○	
施設運営充実費			
児童健康保持費		○	
二階以上施設充実費		×	
夏期・期末保育内容充実費		×	
6カ月未満児保育加算		○	
事務職員雇上経費		○	
保育教材充実費		○	
管理費（庁費）		○	
小破修理費		×	

○営利法人等にも支出
×営利法人等に支出されないもの
・企業立・NPO立への支出可否基準
　・児童の処遇に直接関係があるもの
　　　　　　→補助金支出可
　・管理運営のみに関わる
　　　　　　→補助金支出不可

(注)　「板橋区私立保育所法外援護金実施要綱」より
　　　筆者作成。
(出所)　狭間（2006: 48）

円）、施設運営充実費は2,505,820円である。対して、企業立保育所Bへの支出は、児童処遇費充実費が465,120円（児童一人あたりの単価月額1,620円）、施設運営充実費は1,847,340円である。しかし、この実例は2つの保育所の定員差を考慮していない。定員が少なければ当然支出される補助金も少なくなる。必要なのは、同じ定員であった場合に設置主体の差によってどれほどの差が発生するのかを示す金額である。そこで、仮にこの社会福祉法人立保育所Aが企業立保育所であったならば、どの程度補助金が減少するのかを計算したのが、図表下部の②である。要綱に従い、企業立保育所であれば支出されない費目を削っていくという方法をとった。仮想の企業立保育所Aにおいては、児童処遇充実費は936,360円（児童一人あたりの単価月額2,167円）、施

図表 10　特別区における保育所運営経費②

・補助金金額の計算①実例

	社会福祉法人立保育所A	企業立保育所B
定員	36	24
児童処遇充実費	2,774,000	465,120
児童一人あたりの月額単価	6,430	1,620
施設運営充実費	2,505,820	1,847,340

→定員差に注意が必要

・補助金金額の計算②仮定

　定員36名の社会福祉法人立保育所Aが仮に企業立であった場合

	社会福祉法人立保育所A	企業立保育所A	差額
定員	36	36	
児童処遇充実費	2,774,000	936,360	1,837,640
児童一人あたりの月額単価	6,430	2,167	4,253
施設運営充実費	2,505,820	2,342,620	163,200

→（区レベル）年額200万程度の補助金の差

（出所）狭間（2006: 50）

設運営充実費は2,342,620円である。この数字を実在の社会福祉法人立保育所の数字と比較すると、児童処遇充実費において1,837,640円（児童一人あたりの単価月額4,253円）、施設運営充実費163,200円の差、合計で200万円程度の差となることが明らかになった。定員36名の小規模な保育所を例にとった場合、都と特別区の運営経費において1400万程度の差が発生していることがわかった。設置主体が異なるだけで、企業立保育所はこれほどの金額の補助を受けることができない。そして、当然のことながら、この金額の差は児童一人あたりの補助金額の差につながる。企業立保育所等は、他の分野の利潤を活用して保育事業にあたることを期待され、また閉所の際の財産処分を考慮して補助金が減額されているわけだが、設置主体の種類によって、児童一人が受ける補助金の差、児童一人に税金から支出される補助に不平等があることは、イコール・フッティング論の論拠の1つになりうると思われる。

　横浜市においても東京都同様、施設建設費補助は企業には支出されない（ただし、市独自の補助金はある）。しかし、運営経費については、都と大きな違

いがある。横浜市においては、運営経費支出に関して設置主体間の差はない。社会福祉法人立保育所であっても、企業立保育所であっても同様の補助を受けることができる。横浜市の運営経費における自治体持ち出し分について定めた「横浜市保育所法外扶助費取扱基準」の第1条には、「この取扱基準は、横浜市民間社会福祉施設法外扶助費支給要綱（昭和63年4月9日制定）に基づいて保育所に対して法外扶助費を支給する場合の取扱について必要な事項を定める」とのみ記されており、法人の違いによる分類規定はみられない。繰り返しになるが、社会福祉法人に支出される補助金は企業立保育所であっても同様に支出されるという。

　補助金と同様に税制優遇措置も競争条件に直結する。前述のように、在宅サービス分野においては、税制優遇措置に関する格差是正を求める主張が強い。すなわち、事業を展開した後の税制優遇措置による格差である。社会福祉法人と営利法人・NPO法人の主要な税制の制度較差を示したのが図表11である。多くの税に共通しているのは、社会福祉法人が社会福祉サービスを提供した場合は、社会福祉事業として非課税になるのに対し、営利法人・NPO法人が社会福祉サービスを提供した場合は、収益事業として課税される、という構造になっていることである。つまり、例えば介護保険法上で、社会福祉法人とNPO法人がまったく同じ介護サービスを提供した場合でも、NPO法人のみが法人税の課税対象になるという状況になっている。しかし、税制優遇措置についても、補助金と同様に、それが一体どの程度の差になって発生しているのか具体的な金額に基づいて明らかにする必要がある。

　本来であれば保育所に対する税制措置の差を比較するのが適切であるが、補助金と異なり、企業立・NPO立保育所の課税金額を把握することは困難であった。そこで介護保険における訪問介護（ホームヘルプ）を提供する事業所を事例に設定し、課税金額の差を把握することにする（2006年当時の税制に基づいたものである）。在宅サービス分野で発生する課税の差は、保育所でも発生する可能性が極めて高いと思われる。実際の課税金額の算定にあたっては、次のようなモデルを設定した。モデルとなるのは、税引前利益1000万円の

図表11　社会福祉法人に対する課税①

			社会福祉法人	営利法人	NPO法人
国税	法人税		社会福祉事業 非課税	課税 全事業の利益に対して	収益事業なし 非課税
			公益事業 一部非課税。法人税法上収益事業とみなされるものは課税		
			収益事業 課税。軽減税率を適用。見なし寄付金制度		収益事業あり 課税。収益事業から生じた所得について
	所得税		非課税 利子、配当等について	課税	課税 利子、配当等について
	登録免許税		非課税 設立登記について	課税	非課税 設立登記について
			社会福祉事業 非課税。社会福祉事業の用に供する不動産について		原則課税
			公益事業・収益事業 課税		
地方税	住民税	均等税	社会福祉事業 非課税	課税	課税
			公益事業 非課税		
			収益事業 課税		
		法人税割	社会福祉事業 非課税	課税	収益事業なし 非課税
			公益事業 非課税		収益事業あり 課税
			収益事業 課税		
	事業税		社会福祉事業 非課税	課税	収益事業なし 非課税
			公益事業 非課税		
			収益事業 課税		収益事業あり 課税
	不動産取得税・固定資産税など		社会福祉事業 非課税。社会福祉事業の用に供する固定資産について	課税	課税

（出所）大阪府『社会福祉法人のしおり（法人設立の手引）』（2001年11月）より筆者作成

社会福祉法人と営利法人（株式会社等）である。NPO法人がモデルから外れているが、NPO法人は営利法人とほぼ同様の課税となる。営利法人は、資本金1000万円とし、訪問介護事業のみを行うとする。このモデル設定については、いくつかの説明が必要である。税引前利益1000万円としたが、事業所数で言えば、実際にはさらに低い金額の利益しか達成できていない事業所が圧倒的多数を占めると思われる。しかし、税制に関するイコール・フッティングの概要を明らかにするうえで、税体系の累進的な課税の性格を把握するために、税引前利益を1000万円とした。このことにより、大企業を含めた税制の格差が明らかになると思われる。

　すべての税について計算を行ったのが図表12である。表中の普通法人は営利法人を指す。結論を先に言えば、経費を差し引いた税引前利益が1000万円の2つの法人のうち、社会福祉法人は0円、営利法人は3,532,280円の課税金額の差が発生した。結果として当期利益は社会福祉法人が1000万円、営利法人が6,467,720円となる。その内訳であるが、社会福祉法人には課税がないため、営利法人側の内訳をみていくことにしよう。

　法人税については、資本金1億円以下の普通法人と人格なき社団は800万円以下の所得については22％、以上については30％以上が適用される。利益1000万円の設定にそれぞれの税率で計算し、合計は2,360,000円となった。公益法人も22％の税率が課されるが、社会福祉法人は介護保険事業の収益が課税対象外になる。算出された法人税をもとにしてさらに法人県民税が課税される。福岡県北九州市での課税は標準税率5％、さらに資本金の金額によって均等割が課される。この場合、均等割は年20,000円である（地方税に関しては地域によって多少異なる可能性がある）。合計で、138,000円となった。利益1000万円に対しての法人事業税は、所得の金額の区分それぞれにそれぞれの標準税率を課税される。所得のうち年400万円以下の金額は5％、年400万円を超え年800万円以下の金額は7.3％、年800万円を超える金額は9.6％である。合計で684,000円である。法人市民税は、「資本金等の額が1億円以下の法人もしくは出資を有しない法人であって、

図表 12　社会福祉法人に対する課税②

		社会福祉法人 A	普通法人 B
	介護保険報酬	30,000,000	30,000,000
	販売費及び一般管理費	20,000,000	20,000,000
	税引前当期利益	10,000,000	10,000,000
	法人税等充当額		3,532,280
	当期利益	10,000,000	6,467,720
	課税所得	0	10,000,000
法人税の計算 *1	税金計算		
			8,000,000*22% =
			1,760,000
			2,000,000*30% =
			600,000
	法人税額	0	2,360,000
法人県民税 *2	税金計算		
			2,360,000*5% =
			118,000
			均等割
			20,000
	法人県民税額	0	138,000
法人事業税 *3	税金計算		
			4,000,000*5% =
			200,000
			4,000,000*7.3% =
			292,000
			2,000,000*9.6% =
			192,000
	法人事業税額	0	684,000
法人市民税 *4	税金計算		
			2,360,000*12.3% =
			290,280
			均等割
			60,000
	法人市民税額	0	350,280
税額合計		0	3,532,280

（注）2006 年当時の税制に基づき、以下の前提条件のもと計算している。
　　＊ヘルパーステーションを行っている社会福祉法人と普通法人を比較している。
　　＊福岡県北九州市での税額である。地方税に関しては場所によって異なる。
　　＊ヘルパーステーションのみを行っている前提で、消費税の対象外としている。
　　＊普通法人は資本金 1000 万円という前提で計算している。
（出所）狭間（2006: 55-56）

第3章　社会福祉法人制度

*1　法人税率一覧表（単位％）

	普通法人及び人格のない社団		協同組合等	公益法人等
	資本金1億円以下の普通法人及び人格のない社団等	資本金1億円超の普通法人		
	年800万円以下の所得	年800万円超の所得			
平成2年4月1日以降開始	28	37.5	37.5	27	27
平成10年4月1日以降開始	25	34.5	34.5	25	25
平成11年4月1日以降開始	22	30	30	22	22

*2　標準税率5％（制限税率6％）
　　均等割

資本等の金額が50億円を超える法人	年	800,000
資本等の金額が10億円超50億円以下の法人	年	540,000
資本等の金額が1億円超10億円以下の法人	年	130,000
資本等の金額が1000万円超1億円以下の法人	年	50,000
上記の法人以外の法人	年	20,000

*3　標準税率（制限税率は標準税率の1.2倍）
　　* 今回の法人の標準税率（業種や法人形態によって多少違いあり）
　　各事業年度の所得の内年400万円以下の金額　　　　　　　　　　5％
　　各事業年度の所得の内年400万円を超え年800万円以下の金額　　7.3％
　　各事業年度の所得の内年800万円を超える金額　　　　　　　　　9.6％

*4　法人税割
　　法人の区分
　　資本金等の額が1億円以下の法人または資本もしくは出資を有しない法人であっ
　　て、かつ、法人税割の課税標準となる法人税額が年1000万円以下である法人　　12.3％
　　上記以外の法人　　　　　　　　　　　　　　　　　　　　　　　　　　　　　14.5％

　　均等割
　　法人等の区分

保険業法に規定する相互会社以外の法人で資本金の額または出資金の額を有しないもの及び公共法人等で均等割のみを課されるものを除く	資本金等の金額	従業者数	年額
	50億円を超える法人	50人超	3,600,000
		50人以下	492,000
	10億円を超え、50億円以下である法人	50人超	2,100,000
		50人以下	492,000
	1億円を超え、10億円以下である法人	50人超	480,000
		50人以下	192,000
	1000万円を超え、1億円以下である法人	50人超	180,000
		50人以下	156,000
	1000万円以下の法人	50人超	144,000
上記以外の法人			60,000

かつ、法人税割の課税標準となる法人税額が年1000万以下である法人」には12.3%の課税および資本金に応じた均等割が課税される。法人区分により12.3%の標準課税と均等割を課税し、合計は350,280円の課税となった。

　以上の総計が、3,532,280円である。本書のモデルとした事業所の場合、利益の約3割が税金として課税されることになる。本書での課税計算のモデルは比較的大規模な事業所であるため、この点についていくつか補足をしておきたい。まず、第1点めは、小規模な事業所の課税の割合についてである。随所にみられたように法人税は資本金、利益に応じて累進的な性格がある。本書のモデルは比較的大規模な事業所を想定しているため、この累進的な性格を考慮すると、小規模な事業所の場合、利益の1〜2割が課税となる事業所が多いと思われる。そして、これに関連して第2点めであるが、課税に関するイコール・フッティングの問題はより大規模事業者において深刻な問題として認識されている可能性がある。前掲の2002年3月の公正取引委員会調査「介護保険適用サービス分野における競争状況に関する調査報告書—居宅サービスを中心に—」においても、社会福祉法人との競争条件格差について、税制面での優遇をあげた営利法人事業所は38.6%であり、参入規制、補助金と比較して低い数字であった（公正取引委員会 2002a: 16）。この数字は、税制優遇措置の問題が小規模事業所において最も深刻な課題としては捉えられていないことを示しているのかもしれない。あくまで印象批評にとどまるが、小規模な事業所においては、当面の顧客の確保・経営基盤の安定などが緊急の課題であり、課税の問題は大規模事業者との間に「温度差」が存在する可能性はある。

　以上は訪問介護事業者を対象とした課税金額の計算であるが、これと同様の構造が保育所においても存在していると考えられる。社会福祉サービスの対象が広がり普遍化した時代に、サービス量と質確保のために参入した新しい供給主体に対して、従来からの供給主体がどのような位置づけにあるべきかが問われているのである。

第5節　反　論

　以上のように、社会福祉法人の基本的なしくみは社会福祉法によって成立している が、同時に、介護保険法、児童福祉法、障害者総合支援法など各種福祉サービス関連法においても法人の位置づけは規定されており、各種税法などによってもその地位が保たれている。多様な法律が社会福祉法人制度を成立させていると言えよう。社会福祉法人と営利法人・NPO法人との間には明確な制度較差があり、イコール・フッティング論を展開する営利企業・NPO法人にとっては、この差は容認できない競争上の「格差」として捉えられる。

　しかし、一方で、社会福祉法人にとっては、社会福祉法人の高い公益性を前提とすれば、この差は必要な「区別」に過ぎない。介護保険とともに福祉サービス分野に進出した大手介護サービス会社の1つがコムスンであった。その設立者である折口雅博は、2003年の自社発行の広報誌『コムスン通信』（第110号）で自社の役割を強調している。折口はドイツ、デンマーク、イギリス等、様々な国の介護サービスを現地に赴き研究したという。折口は、日本の介護保険制度における競争原理の存在、保険原理の存在、イギリスと比較して看護・医療的色彩が薄いことなどを理由に「総合的に見ると日本の介護保険制度はすばらしい」と結論づけている。そのうえで、折口は次のように述べている。「今の介護保険で、まだ十分ではないところがひとつありました。今の区分けでの、特別養護老人ホームといった社会福祉法人の問題です。『民間』がなぜできないのかという分野です。ケアを主体にしているところで民間がやれない理由が、あまり論理的に説明できにくい状態になっていると思うのです」。こうした発言は、2007年6月にコムスンが大規模な介護報酬不正受給事件を起こし、市場から完全撤退を余儀なくされた後では説得力がない。営利を追求する民間企業に問題があることが、あまりにも論理的に説明されてしまったことになる。

　こうした営利企業の問題行為は、イコール・フッティング論の第1段階である参入規制緩和を求める主張に対する有効な反論になりそうである。芝田英

昭は、介護保険発足当初のコムスンの全事業所の40％の削減、それにともなう大規模な社員のリストラをあげ、「この事実は、社会福祉法の全面施行による社会福祉全体の近い将来でもある。営利企業は利益の追求を目的とし、私たちの国民の抱える生活問題の解決には責任を持てない存在である。コムスンの事例は、目の前の介護サービスを必要とする者がいても『利益が見込めるだけの顧客が存在しない』場合、いともたやすく撤退する企業の姿を示した」としている（芝田 2001: 19-20）。

　また、イコール・フッティング論の第2段階とも言える社会福祉法人並の補助金・税制優遇措置を求める主張に対しても、様々な反論がある。営利法人の参入が認められた場合に、営利法人が社会福祉法人同様の補助金・税制優遇措置を主張するのであれば、営利法人にも社会福祉法人同様の利益分配制限や財産処分制約などの法的規制が当然に残されるべきであるとする反論である。伊奈川秀和は営利法人・公益法人の権利能力について考察を行ったうえで、「営利法人が公益追求を目的とすることがアプリオリに排除されるわけではないが、法人法制上・公益追求を担保する手段を手当てしない限り、公益追求が形骸化・空文化する可能性がある」と簡潔に指摘し、「一般的には営利は私益の追求と結びつきやすく、公益と営利とは両立しにくい概念である。仮に営利法人が公益のみ追求し、構成員への利益還元がなされなければ、営利法人としての目的への違背となろう。公益と営利が両立するとすれば、その場合の公益は、専ら公益を追求する場合に比べて、減殺された公益と考えるべきである。従って、営利法人が公益目的の事業を営む場合には、専ら公益を目的とする非営利法人の場合より、より強い事業規制に服すか、利益配当に関する制約が必要である」（伊奈川 2001: 36）と述べている。

　公益性担保のしくみを求める主張は、企業立保育所に対する反論のなかにも具体化して見出される。保育所財政研究会は、企業立保育所側の社会福祉法人に対する不満を踏まえつつも、企業立保育所の経営者がなぜ社会福祉法人立ではなくあくまで企業立の保育所設置に踏み切ったかについて、その理由を財産処分制約の回避に求めている。同研究会によれば、保育所設置主体の規制緩

和前でも保育所運営を手がける企業は数多く存在したものの、その方法は「自己所有の土地と建物をもとに社会福祉法人を設立し、社会福祉法人立の保育所を運営し、家族や知り合いを園長代理や主任にあて、実質上の運営を任せている」というものであった。そして、この方法では「新たな社会福祉法人をつくって認可保育所を運営する場合、土地や建物の所有権をいったん新設法人に移し、保育事業をやめたときには簡単には元の株式会社に資産を戻す」(保育行財政研究会 2001: 35-36) ことができないというデメリットが発生していたことを述べている。つまり、企業立保育所にはこのような財産処分制約を回避するというメリットがあることになる。こうしたメリットが発生する以上、補助金等の較差も受け入れざるを得ないのではないかという意見は十分に説得力があると思われる。営利企業が補助金の「持ち逃げ」というような公益性を脅かす事態を発生させることは十分に懸念されるのである。

　コムスンの大規模な介護報酬不正受給事件以降、こうしたイコール・フッティング論に対する反論が一定の説得力を持ったと推測される。特別養護老人ホームへの民間企業の参入、民間企業にも社会福祉法人並の財政措置を行うべきであるといった強い主張は次第に収束していった印象を持っている。しかしながら、社会福祉法人に対する批判が消失したわけではない。代わって登場したのが、社会福祉法人に対する財政措置の正当性を疑問視する議論である。すでに多くの営利企業・NPO が訪問介護や通所介護、保育所などのサービスを社会福祉法人と「同様」に提供している。だとすれば、そもそも、これらのサービスで社会福祉法人に認められている財政措置の根拠は一体何なのだろうか。かつてのイコール・フッティング論とは異なり、議論は社会福祉法人に対する財政措置の根拠を問う方向で進み、こうした補助金・税制優遇措置で蓄えた資金が社会福祉法人に蓄積されているとする、いわゆる社会福祉法人の「内部留保」問題の指摘へとつながっていく。こうした議論の妥当性を判断するためには、社会福祉法人の持つ公益性を検討する必要がある。

第4章

社会福祉法人の公益性

第1節　公益法人の公益性

　公益性の定義の1つは、それを「国家、社会全体の利益」とすることである。例えば、広辞苑は公益を「国家または社会公共の利益。広く世人を益すること」と定義しており、特に前半部分は公益の意味が集団全体の利益を意味することを示している。あるいは公益を「不特定多数の利益」とすることもできる。集団全体とは言えないまでも、集団構成員の多数に共通する利益という意味である。広辞苑における「広く世人を益すること」という表現にもこの意味が見て取れる。また、「公益社団法人及び公益財団法人の認定等に関する法律」は第2条第4号において、公益目的事業を「学術、技芸、慈善その他の公益に関する別表各号に掲げる種類の事業であって、不特定かつ多数の者の利益の増進に寄与するものをいう」としている。

　このように、公益概念の基本的意味は「国家、社会全体の利益」「不特定多数の利益」に落ち着くように思われる。しかし、こうした公益概念の捉え方には異論もある。小坂直人は、「国家・政府の利益」「不特定多数の利益」「国民の大多数の利益」をもって、「公益」あるいは「公共の利益」と規定することはできないとしている。小坂は、二風谷ダム訴訟判決において、ダム建設によってもたらされる治水・利水の利益よりも、アイヌ民族という少数先住民族の伝統・文化保護という利益が重視されたことを事例に、少数者・社会的弱者の利益がむしろ「公共の利益」の本質をなすと考えるべきである、としている

（小坂 2005: 110）。こうした意見を踏まえると、すべての人に対して一定の平等を積極的に達成しようとする性格、多様性を保持しようとする性格をも公益性の意味として考慮すべきであろう。

こうした公益性の定義の多様性を理解するには、近似の概念である公共性の概念の整理が必要であるように思われる。公益とは「公共の利益」に他ならず、その「公共」の内容が明らかにされる必要がある。公益とは「公共性ある利益」なのである。

公共性の概念もまた「広く社会一般に利害や正義を有する性質」として定義されうる。齋藤純一は公共性という概念が次のような異なった３つの意味を有していると述べている（齋藤 2000: viii-ix）。第１に「国家に関係する公的な（official）なものという意味」である。国家が法律や行財政を通じて活動する領域に関わり、私人の活動領域に対比されるものである。「強制、権力、義務」といった響きを持つとされる。第２に「特定の誰かにではなく、すべての人々に関係する共通のもの（common）という意味」を表す場合がある。この意味での「公共性」は、社会構成員全体に共通する利益、規範、関心事などを指す。第３に「誰に対しても開かれている（open）という意味」がある。この意味での「公共性」は、アクセスが社会構成員全体に開かれている空間や情報である。アクセスが社会構成員全体に開かれている性格が、公共性の条件として述べられている。

井上達夫の整理に従ってもほぼ同様の公共性概念についての結論が得られそうである。井上は公共性の概念が「公」と「私」の区別に基づいているとして、私的な性質からの分離を意図する公共性論を以下の４つに分類した（井上 2006: 4-10）。

①領域的公共性論（公私の区別は領域の区別）

「私的領域」に「公共的領域」を対比させる議論である。公的領域を成立させる政府（統治権力）の規制等の活動作用こそが公共性の内容である。リベラリズムは公共的領域の限定に傾注したかもしれないが、例えば、マルクス主義

や社会主義思想は経済的格差是正を主張して公共的領域の拡大を主張した。

②**主体的公共性論（公私の区別は主体の区別）**

「私的主体」に「公共的主体」を対比させる議論である。自己利益の追求ではなく、社会の共通利益実現をめざす「公共的主体」の資質や能力こそが公共性である。リベラリズム批判において、共同体論などが人々の公共的主体性の再生・強化を訴える形で展開された公共性論である。

③**手続的公共性論（公私の区別は意志決定の手続の区別）**

「私的決定手続」に「公共的決定手続」を対比させるものである。「公共的決定手続」は、特定個人・特定集団の内部的意思決定ではなく、社会構成員一人ひとりの意思が反映されるように民主的な経路が確保されるべき手続である。公共性は民主的手続の保障を意味する。こうした公共性論は多元的民主主義に対する熟議民主主義の台頭に見出される。

④**理由基底的公共性論（公私の区別は行動・決定理由の区別）**

「私的理由」に「公共的理由」を対比させる議論である。「公共的理由」は、特定個人ないし特定の部分集団の行動根拠である「私的理由」による行動・決定を制約する。公共性とは「特別の間主観的な規範的地位」を意味し、政治的決定を正当化するものである。

こうした公共性概念の整理に基づいて、図表13のように公益性概念を整理してみたい。公益性の概念の最も中心的な意味は、自己や特定集団の利益ではない、社会に共通する利益（不特定多数の利益）ということである。齋藤の言う「特定の誰かにではなく、すべての人々に関係する共通のもの（common）という意味」で公共性を捉えた場合の公益性である。井上の公共性分類における②主体的公共性論もこれに近い。

公益性概念は国家・政府の利益という意味に拡大する場合もある。齋藤の言う「国家に関係する公的な（official）なものという意味」で公共性を捉えた場合の公益性である。公共性とは国家・政府の活動作用、活動範囲であるから、公益性とは国家・政府の利益である。井上の①領域的公共性論は国家の関

図表13 公益性の概念

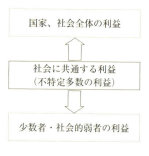

(出所) 筆者作成

与、活動範囲関与を捉えたものである。

　公益が少数者・社会的弱者の利益を意味する場合もある。齋藤の言う「誰に対しても開かれている（open）という意味」で公共性を捉えた場合の公益性である。誰に対しても参加の途が開かれていることは、少数者・社会的弱者が強者・多数者に対抗するうえで最低限必要な利益である。井上の③手続的公共性論がこうした公益性概念に近いと思われる。民主的手続の保障は参加の保障である。

　このように公益性の概念は様々で、こうした様々な意味が公益法人等の公益性にも反映されていると思われる。第1に、公益法人等は自己の利益ではなく、社会に共通する利益を追求する団体としての性格がある。第2に、これは国家、社会全体の利益とも解されることから、法的規制・財政措置等の国家・政府による関与が存在している。第3に、教育や福祉に顕著なように、広く国民に平等に開かれ民主的手続を補完し（教育がなければ政治を議論できないし、福祉がなければ政治を考える余裕がないかもしれない）、少数者・社会的弱者の利益に積極的に貢献するという性格がある。あるいは公益法人等については、少数者・社会的弱者を代表する市民が、その運営に参加することや政府によるコントロールが可能であることも利益となるかもしれない。これらが公益法人等の公益性の一般的な理解につながるように思われる。

しかし、こうした公益性は所与のものではない。井上は、前述の４つの公共性論において最後の④理由基底的公共性論こそが、公共性概念に最も的確な解明を与えるとしている。「公共的理由」を重視する理由基底的公共性論が他の３つの公共性論の限界を克服し、他の公共性概念に対して理論的優位性を持つと言う（井上 2006: 10-24）。

　すなわち、主体的公共性論は、国家・政府の活動範囲、国家の関与する性格を公共性と捉えるが、この公共性は本質的なものとは言い難い。というのも、国家・政府の活動範囲を決定しているのは、「公共的理由」だからである。「公共的領域と私的領域との明確な境界線がア・プリオリに与えられているのではなく、『公共的理由』を探求する人々の実践を通じて、この境界線自体が絶えず引き直されるのである」（井上 2006: 12）。言い換えれば政府が規制などを通じて私的領域の問題を是正する必要がある（例えば、経済的格差の是正）という「公共的理由」が政府の活動範囲を決定しているのである。同様に自己の不利益や自己犠牲を厭わず社会全体に共通する利益の増進のために活動することも、それ自体が直ちに公共性をともなうわけではない。そうした活動に正当性が発生するためには「公共的理由」が求められる。「公共的理由」のない市民活動は単なるエゴな活動であろう。また、民主的手続が保障されることが公共性の本質でもない。手続論的公共性論は、正しいことを理論的に探求することを放棄（「実体的価値からの逃避」）して多くの市民による民主的なプロセスを通じた議論の結果が正しいとするが、民主的なプロセスの結果、多大な人権侵害が許容されたとしたら、そこに公共性はないであろう。井上はこうした「公共的理由」は、経済学に言う「公共財の供給」に解消できないし、また法哲学・政治哲学に言う何らかの基底的合意に求められず、それは普遍主義的な原理である「正義」に求められるとしている。

　井上の公共性論は本書の文脈においても極めて示唆的である。こうした公共性論を公益法人等の公益性の議論に応用すれば、次のようになる。国家の活動範囲であること、国家が強く関与しているという性格は直ちに公益法人等の公益性に結びつかない。国家が関与すべき「公共的理由」が公益法人等の公益

性を支えているのである。社会共通利益を訴える公益法人等に直ちに公益性があるとは限らない。その訴えに「公共的理由」があったとき公益性が発生するのである。公益法人等の運営に市民の参加が用意されていることだけが公益性を保障しない。手続によってもたらされるものに「公共的理由」があるときに初めて公益性が生まれるのである。公益性には「公共的理由」がなければならない。公益法人等の公益性は、「公共的理由」に求められ、そうした理由の具体的内容は、時代や地域に合わせて繰り返し検証することが求められるのである。

　しかし、政治思想や法哲学の見地から公益性に「公共的理由」という意味を見出したとしても、実際の公益法人等の制度設計・運営には行政実務的（行政学的・行政管理論的と言い換えてもよいと思う）に大きな問題が残るように思われる。つまり、法的規制や税制措置の根拠となる非営利組織の公益性とは具体的に何を指し、その組織に実際に公益性があることをどのように判断・認定するのかということである。実際に非営利組織が活動する分野は多種多様であり、このことは公益性の内容が一様ではなく、また公益性認定を担当する行政庁も複雑な対応を余儀なくされることを意味している。

　こうした問題が表面化した事例として、2008（平成20）年12月に発足した新公益法人制度をめぐる議論があげられる。新公益法人制度は2006（平成18）年に成立した、いわゆる公益法人制度改革関連三法に基づいたものであり、具体的には「一般社団法人及び一般財団法人に関する法律」（以下、一般社団・財団法人法とする）、「公益社団法人及び公益財団法人の認定等に関する法律」（以下、公益法人認定法とする）、「一般社団法人及び一般財団法人に関する法律及び公益社団法人及び公益財団法人の認定等に関する法律の施行に伴う関係法律の整備等に関する法律」の3つの法律を指す。従来の公益法人制度では、民法のみに基づいて社団法人・財団法人が設立されていたが、新公益法人制度ではこれら三法も加えて、一般社団法人・一般財団法人、公益社団法人・公益財団法人の設立が可能となった。

　一般社団・一般財団法人は、準則主義に基づき、法務局への登記によって比

較的簡易に設立できる。一般社団・一般財団法人は、内閣府または都道府県に申請し、国の公益認定等委員会・都道府県の合議制機関（公益認定等審議会などと称される）の審査を経て、公益性を認定されれば公益社団法人・公益財団法人に移行することができる。前述のように公益法人認定法は第2条第4号において、公益目的事業を「学術、技芸、慈善その他の公益に関する別表各号に掲げる種類の事業であって、不特定かつ多数の者の利益の増進に寄与するものをいう」とし、同法第5条において18項目の認定基準を規定している。すべての項目を本書で掲げることは避けるが、大きく分類すると、目的（事業内容）、組織、財務・財産の3点に分類できる（太田 2012: 109-110）。

　目的（事業内容）については、「公益目的事業を行うことを主たる目的とするものであること」（第1号）として、「学術、科学技術の振興」「文化、芸術の振興」「障害者、生活困窮者、事故・災害・犯罪の被害者の支援」など23の公益目的事業分野が列挙され、「検査検定」「資格付与」「講座、セミナー、育成」など17の具体的事業区分があげられている。また、「投機的な取引、（中略）公の秩序若しくは善良の風俗を害するおそれのある事業を行わないものであること」（第5号）などが要件とされている。

　組織については、「各理事について、当該理事及びその配偶者又は三親等内の親族（これらの者に準ずるものとして当該理事と政令で定める特別の関係がある者を含む。）である理事の合計数が理事の総数の三分の一を超えないものであること」（第10号）などが定められている。

　そして財務・財産については特に支出に重点が置かれた基準がある。まず、「その行う公益目的事業について、当該公益目的事業に係る収入がその実施に要する適正な費用を償う額を超えないと見込まれるものであること」（第6号）が定められている。いわゆる収支相償基準である。実際の基準の運用にあたっては、厳密に収入と支出が同額であること（もしくは赤字になること）が求められるわけではないが、公益目的事業に過剰な収益が発生することが制限されている。また、「公益目的事業比率が百分の五十以上となると見込まれるものであること」（第8号）が定められており、組織の主たる活動が公益目的

活動になることが求められている。法人の経常経費総額のうち公益目的事業経費が半分以上を占めなければならない。さらに保有する財産についての規制もある。「その事業活動を行うに当たり、第十六条第二項に規定する遊休財産額が同条第一項の制限を超えないと見込まれるものであること」（第9号）という規定があり、公益目的事業に関係のない財産の保有が規制されている。

　非営利組織の実務家らによると、公益認定にあたって重要な関門となるのは第1号（公益目的事業）、第6号（収支相償）、第8号（公益目的事業比率）、第9号（遊休財産規制）であるとされている。

　公益社団法人・公益財団法人の公益性認定にあたっては、「不特定かつ多数の者の利益」を、目的（事業内容）、組織、財務・財産などによって規定していることがわかる。むろん、こうした公益認定基準には多くの課題が指摘されている。堀田力は公益認定実施2年後の段階において、「認定は、混沌の中にある」と述べ、その認定基準の具体的問題を指摘している（堀田 2011: 32）。例えば、前述の公益認定基準における収支相償の要件は非現実的である。厳密にこの基準を適用し、事業の支出を上回る収入を得てはいけないとなれば、どのような組織も事業を継続できない。行政解釈により基準の緩和措置がとられているが、運用が恣意的になるおそれがある。寄付金や補助金など無償で得る収入が、収支相償の計算における収入とされていることも問題視されている。また、公益目的事業比率の基準が柔軟性を欠き、社会的意義の高い法人が新公益法人に移行するのを躊躇するケースがあること、申請に非常な苦労を強いられている現状が指摘されている。

　しかしながら、堀田も指摘するように、より根本的な問題は公益性の概念の明確化が困難であることである。堀田も参加する、公益法人協会とさわやか福祉財団による民間法制・税制調査会は、すでに2004年に公益定義の問題を指摘している（堀田・山田・太田 2004: 38-40, 72-81）。同調査会で議論されたのは「不特定かつ多数の者の利益」という表現が公益性を規定するうえで極めて曖昧であるという点である。この表現においては、公益性には積極的な理念がなく不明確に規定されている。結果として、定義が広過ぎて営利と非営利

の区別がつかなくなるのではないかという問題が指摘された。不特定かつ多数の者にビジネスとしてサービス提供を行う営利企業にも公益性を認定することになり、非営利組織との区別ができないという問題である。また逆に定義が狭過ぎて、例えば難病者のための募金活動などといった特定人に対する利益を実現する活動は公益に含まれないこととなる、といった問題点が指摘された。これらの問題点を克服するため、同調査会では「不特定かつ多数の者の利益」という表現を克服できる公益性の表現を模索し、その根拠としていくつかの考え（説）を基準として検討した。

　最初に検討されたのは組織の事業内容を公益性の根拠とする考えである（目的定義説）。これは不特定多数の利益をより厳格に定義して、事業目的が「社会のため」である場合に公益性を認めようとする考えである。「不特定かつ多数の者の利益」を文言どおりに公益としてしまうと、広く不特定多数にビジネスを行っている民間企業にも公益性を認定せざるを得ない。そこで、公益性を「慈善」や「福祉」を目的にしている事業のみに認めようという考えである。しかし、こうした公益の所在は様々な分野に多種多様であり事前に限定が困難であること、また、福祉の分野において営利企業が事業を行っている場合には公益性を認定してしまうことになる、といった問題点が指摘された。

　そこで、動機に着目した公益性認定が考えられた（控除説・利他説）。公益を積極的に定義するのが困難であれば、「私益」（自己の利益）や「共益」（特定の集団の利益）といった特定の利益を限定し、そこから残った（控除された）ものに公益を認めようとする見解である。これは、自分たちのためではなく、他の人々のために行っているという組織の動機（利他性）に注目した考え方に発展する。当然、株主や社員の経済的利益を追求する営利法人などは公益法人から除外されることになるし、学校の同窓会といった特定の人々の利益にしかならない閉鎖的な組織にも公益性は認められないことになる。難病患者を支援する団体の多くには利他的な動機が認められると予想され、公益性を認定できる余地が出てくる。ただし、この考えの問題点は共益と公益の峻別が困難であることである。

さらに、その組織の活動経費がどの程度寄付で支えられているのかを公益性の基準とする考え方も提案されている（パブリック・サポート説）。多くの寄付で経費が支えられる事業ほど公益性が高いであろうという推測に基づいたものであり、またその度合いを数値で客観的に評価できるというメリットがある。ただし、この基準も共益と公益の峻別が困難である。様々な公益性の根拠を検討した結果、同調査会の結論はいずれの説も公益性を捉えるうえで十分ではなく、「不特定かつ多数の者の利益」という定義を乗り越えられないというものであった。同調査会は最終的に、公益を「不特定多数の者の利益（不特定かつ多数の者による寄付そのほかの貢献活動が対象とする利益を含み、個人の利益を得るための活動が対象とする利益を含まない）」としたうえで、むしろ「公益性のある非営利法人とは何か」が問題であり、この見地からは、公益性のある非営利法人は、その法人の目的・事業、組織などの要件から考えることができるのではないかという議論を行っている。

　このように公益性の定義や具体的内容の明確化は困難であり、公益認定基準は目的設定や組織編成、収支や財産といった事業実施のプロセスを審査したものに落ち着かざるを得ない。公益目的を掲げた事業が、本当に社会に共通する利益となっているのかを確認することは困難である。前章でみたように、公益の核心には公共的理由が必要だが、様々な非営利組織の活動が公共的理由を満たすものであるかどうかを判定することが困難であるということである。目的設定や組織、収支・財産の基準が実際の活動の公益性を担保するものなのかどうかが検討課題であろう。

　社会福祉法人の認可も、目的、組織、財産・財務から捉えることができる。目的に関しては、公益社団法人・公益財団法人の公益認定基準に比較して、事業目的による制限が大きいと思われる。社会福祉法が第22条において、「『社会福祉法人』とは、社会福祉事業を行うことを目的として、この法律の定めるところにより設立された法人をいう」と規定しているとおり、社会福祉法人は社会福祉事業を目的としなければならない。前述のように、社会福祉事業の内容は同法第2条に規定されており、第一種社会福祉事業と第二種社会福祉事

業が限定列挙されている。第一種社会福祉事業は、生活保護法に規定する救護施設等、老人福祉法における特別養護老人ホーム等、児童福祉法に規定される児童養護施設等、施設サービスがその内容である。第二種社会福祉事業は、老人福祉法における老人居宅介護事業等、児童福祉法における保育所等、在宅サービスがその内容となる。公益社団・公益財団法人の場合は、想定される事業目的が多様であるが、社会福祉法人の場合は社会福祉事業による限定が可能である。

　組織に関しては、理事・監事に関する規定がある。社会福祉審査基準において、理事定数6人以上、各理事と親族等の特殊の関係のある者が関係法令・通知に定める制限数を超えて選任されてはならないことなどが規定されている。財務・財産に関しては、社会福祉事業を行ううえで十分な財産を備えていることが要件となる。社会福祉施設を運営する場合は、事業に必要となる財産（基本財産）には厳格な要件があり、事業に直接必要な物件について所有権を有していなければならない。同時に年間事業費の12分の1に相当する現金・預金を保有していなければならない。国や地方公共団体から不動産の貸与・使用許可を受けている場合は1000万円以上に相当する資産の保有が必要になる。施設を運営しない場合は原則として1億円以上の基本財産を有していることが条件となる。

　社会福祉法人を他の公益法人等から分離しているのは、社会福祉事業の実施である。公益社団法人・公益財団法人は事業目的によってはその公益性を担保されず、むしろ、財政・財産基準がその役割を果たしたが、社会福祉法人は社会福祉事業によって公益性を担保されているように思われる。高齢者介護や保育、障害者支援などが残余主義的に小さな規模で政府により提供されていた時代においては、こうした市場が機能しない分野の事業を進んで実施することに公益性の正当性が認められた。社会福祉事業の公益性が社会福祉法人の公益性を支えたのである。しかし、介護や保育は普遍主義的に提供されることが求められ、大規模な市場として成立するようになった。実際に、第二種社会福祉事業においては営利法人等の参入が認められ、その規模は年々拡大しつつある。

社会福祉事業が様々な民間組織に開放された結果、社会福祉事業の公益性は揺らぎ、社会福祉法人の公益性もまた希薄になったのである。

第2節　社会福祉法人の公益性モデル

　今後も第一種社会福祉事業への参入規制や社会福祉法人に対する財政措置を維持するのであれば、そうした措置の根拠、すなわち社会福祉法人の公益性を明確にする必要がある。いくつかの研究においても社会福祉法人の公益性・公共性を問い直す見解が見受けられる。例えば、菊池馨実は新公益法人の公益目的事業に社会福祉と共通の事業があげられていることを指摘し、なぜ特別法人を設けておく必要性があるのかをあらためて問い直す必要があるとしている（菊池 2008: 108-119）。そのうえで社会福祉法人の公共性を担保するための追加的な法的枠組みを設ける必要があるとして、法令違反に対する行政庁の規制手段のルール化といった行政権限行使の透明化、情報開示（業務および財務等に関する資料、公益的事業の割合、監査報告書等）などの措置、第三者機関による法人の公益性のチェック、理事会・評議会などへの利用者・家族の参加、低所得者・困窮者への負担を軽減するしくみを導入することなどを提案している。

　また、社会福祉法人側からも様々な主張が展開されるようになっている。2006 年 10 月に全国社会福祉協議会から出版された報告書『社会福祉法人経営の現状と課題』は、より踏み込んだ社会福祉法人の存在意義の提唱になっている。同報告書は、「第Ⅲ章　経営環境の変化」「補論Ⅰ」においてイコール・フッティング論を取り上げている。そして、社会福祉法人に対する補助金と税制優遇措置の妥当性について議論を展開している（社会福祉法人経営研究会 2006: 60-64）。

　補助金については、「現行の施設整備費補助金に関しては、施設整備における優遇措置と考えられるが、現行の憲法第 89 条の解釈を前提とする限り、『公の支配』即ち、行政の強い監督と表裏一体をなすものとして、原則として社会

福祉法人に対象を限ることは正当化されると考えられる」（社会福祉法人経営研究会 2006: 60）として、憲法 89 条規定をもとに正当化を主張している。

これに対して、税制優遇措置の正当性については、社会福祉事業は公益性を有する事業であること、社会福祉法人は公益性を有する社会福祉事業の適切な実施が担保できるしくみを内在している法人であること、と言える必要があるとしている。この報告書では、2006 年の内閣府「公益法人制度改革に関する有識者会議報告書」をもとにして、公益性を有する法人の目的を「積極的に不特定多数の利益の実現を図ること」と規定している。そしてその内容について、「社会全体にとって、その実施が必要不可欠なものであるかどうかに加え、市場では安定的・継続的に供給することが難しいものであるかどうかも考慮することが適当」（社会福祉法人経営研究会 2006: 61）とし、①支払能力が低い者を排除しない（低所得者対策を実施する）、②労力・コストのかかる者を排除しない、③制度外のニーズに対応する、という 3 つの要素を事業の公益性としている。

①について、同報告書は、低所得者に対して採算性を重視する営利企業にクリーム・スキミングの選好がある危険性を指摘し、社会福祉法人はそのような低所得者の選別をしないことを述べている。「特別養護老人ホームの運営における利用者の所得区分で、8 割以上が第 3 段階までの低所得者である」ことや、介護保険制度および障害者自立支援制度における利用料の減免措置の存在をあげている。また、社会福祉法人であれば、僻地におけるサービス提供を採算性にかかわらず提供できると主張としている。②に関しては、「著しい問題行動を有する者」や、「重複障害を有する高齢者」などへの専門ケアは「労力がかかる性質のもの」であり、営利企業がそうした利用者を排除しようとするのに対して社会福祉法人が十分対応できると述べている。高齢者福祉サービスや障害者福祉サービスが介護保険制度や障害者自立支援制度へ移行するなかでも、措置制度は存続しているわけであり、措置の受け皿としての存在意義を強調している。③に関して、同報告書は、「引きこもり」「虐待を受けている者」「ホームレス等」など、既存制度が届きにくい人々が存在していると指摘し、

その支援を営利企業は行えないとしている。また、地域における福祉サービスの質の向上には「養成研修システムの確立が不可欠であり、学生の実習受入れやスキルアップをめざす講習会等の実施はそのために重要」とし、地域福祉の基盤確立における社会福祉法人の意義を述べている（社会福祉法人経営研究会2006: 61-62）。同報告書においては、具体的にいくつかの制度外のニーズに対応した地域福祉活動の実践も述べられている。例えば、「大阪府社会福祉協議会老人施設部会が行う社会貢献事業」では、コミュニティソーシャルワーカーによる地域への訪問相談活動（社協のコミュニティワーカーが様々なニーズを有するものを探し出し相談援助を実施する）や地域貢献基金の設置などが述べられている（社会福祉法人経営研究会 2006: 63）。同報告書は、このようにイコール・フッティング論に反論したうえで、複数の施設・事業を運営し、多角的な経営を行う、いわば「一法人多施設」をめざすこと、社会福祉法人も護送船団方式で守られるべき存在ではなく、法令遵守（コンプライアンス）の面で問題のある法人や、質の悪い法人には退出を誘導していくことなど、社会福祉法人全体の経営改革の方向性を述べている（社会福祉法人経営研究会 2006: 65-72）。

　イコール・フッティング論に対して社会福祉法人側から応える姿勢をみせたこと、低所得者支援などに社会福祉法人の持つ公益性を見出したこと、また公益性のない社会福祉法人については「退出」を求め、公益性のある社会福祉法人に関しても経営努力の方向性を述べたことなど、同報告書の持つ意義は大きいと思われる。しかしながら、同時にいくつかの疑問も感じる。まず第1に、この報告書の議論は主として営利企業を対象として社会福祉法人の存在意義を述べるものであり、NPO法人との関係についての議論が欠如しているように思われる。社会福祉分野のNPO法人の中には、「制度外のニーズ」に対応して、先駆的な活動を行う団体も多く、その実績に関して一定の社会的評価がある。社会福祉法人としての活動実績、社会福祉法人ならではの事業規模、事業の継続性などにも言及が必要であったように思われる。そして第2に、「支払能力が低い者を排除しない（低所得者対策を実施する）」「労力・コストのかか

第4章 社会福祉法人の公益性

図表14

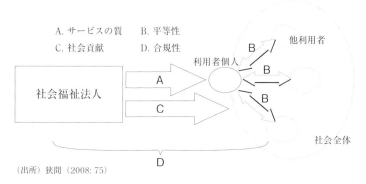

(出所) 狭間 (2008: 75)

る者を排除しない」という社会福祉法人の存在意義についても、それぞれに客観的・具体的な証拠がなければ強い主張になり得ないと感じる。低所得者支援の内容や参加する社会福祉法人の実数、民間企業のサービスではこれら労力・コストがかかる者が排除されていることについて客観的な事実の積み重ねが欲しいところである。第3に、同報告書の主張する公益性は、低所得者、労力・コストがかかる者、制度外のニーズを持つ者など、対象を狭く限定して提案されている印象を受ける。こうした社会的不利にある利用者への活動が社会福祉法人の事業の公益性の重要な要素であることは間違いないが、より一般的な利用者に対しても、社会福祉法人が公益性を示せる場面はある。例えば、社会福祉法人が経験に培われた専門性を発揮して、営利企業・NPO法人を上回るサービスを提供することである。サービスの質の優位を客観的に証明することは容易ではないが、社会福祉法人が利用者の自立に貢献する優れたサービスを展開できる存在であるという姿勢を明確にするべきであると思われる。

　社会福祉法人の公益性についての様々な見解を踏まえて、社会福祉法人の公益性を構成する要素をモデル化したのが図表14である。ここでは社会福祉法人の公益性を大きく4つの要素に分類した。Aの「サービスの質」とは、利用者の自立につながるケアや援助の質である。社会福祉法人が専門性を発揮し、企業やNPOなどと比較して高い満足度や社会的評価を受けるケアや援助

を行っていることが証明できれば、社会福祉法人の公益性を代弁するものとなる。Bの「平等性」とは、利用者の間で不平等を発生させないということである。支払能力が低い者を排除しない（低所得者対策を実施する）、労力・コストのかかる者を排除しない、といった内容はここに含まれるであろう。またCの「社会貢献」とは、社会福祉事業や介護保険事業など公費負担の裏付けがあるサービスではなく、法人が自主的に地域社会全体に展開する活動を想定している。制度外のニーズに対応するといった内容はここに含まれる。また、これらにD「合規性」という要素を付け加えることもできる。サービス提供にあたって法律を遵守していること、その法人の持つサービスの質や平等性、社会貢献などを行政機関や市民に対して説明できることをその内容とする。A、B、C、Dそれぞれの運営において社会福祉法人が優位であることが証明できれば、社会福祉法人の公益性を補強するものになる。営利法人等と比較して、社会福祉法人が、これらの要素において優れているのかが検証されなければならない。

第3節　サービスの質

　では、「サービスの質」において、社会福祉法人は営利法人よりも優れているのであろうか。供給主体間における社会福祉サービスの質の比較については、あまり多くの研究がないように思われる。

　2002年8月の内閣府国民生活局物価政策課介護サービス価格に関する研究会による報告書「介護サービス市場の一層の効率化のために—介護サービス価格に関する研究会報告書—」における調査研究は、介護保険の市場構造を広く分析したものだが、そのなかで公的業者、営利組織および非営利組織の介護サービスの質を大規模かつ実証的に比較している（内閣府 2002）。公的業者とは、都道府県、市町村、一部事務組合、社会福祉協議会を指している。営利組織とは株式会社および有限会社、個人である。非営利業者は社会福祉法人（ただし社会福祉協議会は除く）、日本赤十字社、医療法人などである。ア

ンケート調査におけるサンプルは、関東地方の訪問介護事業者で 1,941 業者に質問票を送り、422 業者の回答があったという。質に関しての質問項目は、厚生労働省や地方自治体が進める社会福祉サービス第三者評価の基準を参考に、客観的評価が可能で、アンケートで実施可能な 12 項目が設定された。例えば、「サービス内容の管理・維持」の項目では、①サービスに関するマニュアルを作成しているか、②定期的にケアカンファレンスを実施しているか、③サービス提供後の報告や引き継ぎメモを作成しているか、④サービスの提供内容・相談情報提供内容を記録管理しているか、の 4 つが質問項目として設定されている。また、「利便性」の項目では、①早朝時間帯のサービス提供が可能であるか、②深夜時間帯のサービス提供が可能であるか、③ケアプラン外の緊急時にも対応が可能であるか、④休日や祝日のサービス提供を行っているか、の 4 つが質問項目に設定されている。様々な質問項目の平均点を算出した結果は、営利業者 28.9 点、非営利業者 29.9 点であり、若干ながら非営利業者が高くなっているが、統計的な差はない、と結論づけている。非営利業者は、「サービス内容の管理・維持」「従業員の資格・経歴」「事業の計画性・透明性」などで優れ、営利業者は「利便性」で優れているという。この結果を踏まえ、この報告書は福祉サービス分野の市場化に関しては、今後の制度の見直しとして、施設介護分野への営利企業参入が必要であると結論づけている。

　保育の分野では、石田慎二が、市区町村、社会福祉法人、営利法人が運営する保育所のサービスの比較研究を行っている。郵送調査法により、それぞれの保育所から回収されたデータをもとに、営利法人の運営する保育所の特徴を指摘している。3 歳未満児の保育や長時間の保育ニーズに対応している割合が高いことなど営利法人にも優れた点があることが示されている（石田 2015:116-118）。一方で、子ども一人あたりの保育室面積が狭く、野外遊戯場がない保育所が多いこと、地域子育て支援に対し積極性に欠ける、といった問題点も指摘されている（石田 2015: 116-118, 135-136）。

　サービスの質を測定する際に、「より良い」サービスを構成する属性の有無を検証することも妥当な方法であるが、より直接的に、利用者の満足度を測定

する方法も有益であると考えられる。近年、国や地方自治体で福祉サービスの第三者評価が推進され、特に地方自治体ではサービス事業者ごとに利用者満足度の測定が試みられている。供給主体別に利用者満足度の結果に差が発生していれば、それは供給主体間のサービスの質の差を反映したものと考えることができる。そこで、東京都福祉サービス第三者評価の利用者調査結果に基づいて、社会福祉法人と株式会社の事業所において利用者満足度に相違がみられるかどうかを検証してみた。東京都福祉サービス第三者評価においては、介護や保育、障害者福祉の様々な事業所への評価が試みられており、様々なサービスにおいて供給主体別の比較が可能となっている。認可保育所もまた株式会社等の参入が進んだ領域であること、また評価を受審した件数が多いことから、認可保育所を対象とすることにした。都内のすべての保育所が評価を受審したわけではないが、2012年度から2016年度の間で一度でも受審した認可保育所は約1,200カ所になる。2016年度における都内の認可保育所の数は2,342カ所であるから（東京都 2016）、東京都の認可保育所の約半数が都の第三者評価を受審したことになる。東京都福祉サービス第三者評価の公式サイトでは、東京都内のすべての自治体ごとの評価結果を閲覧することができるが、ここでは、一定程度の株式会社の参入が認められる東京23区において、2016年度に評価を受けた保育所の調査結果を用いることにする。結果として、社会福祉法人は194カ所、株式会社等は100カ所の保育園の評価結果が比較対象となった。

　利用者調査は第三者評価機関が利用者に対して行うアンケート調査であり、保育所の場合、主として保護者を対象に実施されている。すべての保育所に共通して16項目の調査が実施されており、食事、病気・けがへの対応、プライバシー保護に関わる質問項目が設定されている。回答は「はい」「どちらともいえない」「いいえ」の3つ選択肢から選ぶ。各質問項目に「はい」と肯定的評価の回答をした保護者の比率（％）の平均値を、社会福祉法人、株式会社ごとにまとめたのが図表15である。まず「Kolmogorov-Smirnov の正規性の検定（探索的）」で、1群（社会福祉法人）、2群（株式会社）それぞれの正規性

第4章　社会福祉法人の公益性

図表15　認可保育所（東京23区）の満足度比較

質問項目	質問内容	社会福祉法人 (n 194)	株式会社 (n 100)	有意確率 (両側)	統計的有意
1	提供される食事は、子どもの状況に配慮されているか	91.19	91.60	0.617	
2	保育所の生活で身近な自然や社会と十分関わっているか	77.72	68.30	0.000	＊
3	保育時間の変更は、保護者の状況に柔軟に対応されているか	76.49	78.83	0.119	
4	安全対策が十分取られていると思うか	71.51	75.20	0.013	＊
5	行事日程の設定は、保護者の状況に対する配慮は十分か	77.03	81.72	0.004	＊
6	子どもの保育について家庭と保育所に信頼関係があるか	80.41	79.59	0.546	
7	職員は保護者の考えを聞く姿勢があるか	82.56	82.60	0.971	
8	施設内の清掃、整理整頓は行き届いているか	86.38	88.91	0.052	
9	職員の接遇・態度は適切か	83.80	84.24	0.709	
10	病気やけがをした際の職員の対応は信頼できるか	86.66	87.09	0.647	
11	子ども同士のトラブルに関する対応は信頼できるか	68.61	65.90	0.042	＊
12	子どもの気持ちを尊重した対応がされているか	87.15	85.81	0.180	
13	子どもと保護者のプライバシーは守られているか	80.00	79.03	0.324	
14	保育内容に関する職員の説明はわかりやすいか	80.82	80.05	0.516	
15	利用者の不満や要望は対応されているか	72.27	72.53	0.854	
16	外部の苦情窓口（行政や第三者委員会等）にも相談できることを伝えられているか	49.93	43.47	0.001	＊

(注)　図表中の＊は5％水準。
(出所)（公財）東京都福祉保健財団「東京都福祉サービス第三者評価」公式サイト（http://www.fukunavi.or.jp）の評価結果をもとに筆者作成

を確認した。1群（社会福祉法人）で正規性があると判定されたのは問11と問16であった。2群（株式会社）で正規性があると判定されたのは問2、4、6、7、11、13、15、16であった。両群ともに正規性があると判定されたのは、問11と問16であった。

　「対応のないt検定（比率の差の検定）」は正規性があること、等分散であることが前提となっているが、t検定は正規性についての影響を受けにくいとされているので、まず「対応のないt検定（比率の差の検定）」を行った。ただし、2つの群のデータの分散が等しいことが前提となるので、SPSSによって「対応のないt検定（比率の差の検定）」を行い、等分散であるかどうかの検定（母分散が等しいことを帰無仮説とする「Levene検定」）で確認を行った。等

分散であると仮定した場合、等分散でないと仮定した場合の両方が計算される
ため、その結果を見て数値を選択することができる。「Levene 検定」による
と、すべての設問で有意確率（p）が 0.05 を超えており、2 群の母分散は等し
いと仮定することができるという結果となった。このため「等分散を仮定す
る」ほうの数値を読み取った。

　「対応のない t 検定（比率の差の検定）」の有意水準は 5 ％、両側検定であ
る。2 つの群の平均値に有意差があるとされたのは問 2、4、5、11、16 であ
る。問 2、11、16 においては、社会福祉法人の平均値が高くなっている。一
方、問 4、5 は株式会社の平均値が高くなっている。

　Mann-Whitney の U 検定は、データの大きさで順位をつけ、2 群それぞれ
の順位和とサンプルサイズから統計量を求め、有意水準（p）で判定する手法
である。t 検定と Mann-Whitney の U 検定の違いは検出力（有意差の出やす
さ）の違いで、正規性がある場合の t 検定の検出力を 1 とすると、U 検定の検
出力は 0.95 とやや劣るが、正規分布でないときは両者の検出力は同等か U 検
定のほうが高くなる。正規性が疑われる場合や、正規分布しているかどうかわ
からない場合は、U 検定のほうが有意差を検出しやすいとされている。Mann-
Whitney の U 検定を実施したところ（有意水準 5 ％、両側検定）、対応のない
t 検定（比率の差の検定）とほぼ同様の結果となったが、Mann-Whitney の U
検定では、問 8 も有意差ありと判定された。

　t 検定（平均値の差の検定）と U 検定（順位和検定）の 2 つの検定を試行
した結果、社会福祉法人に肯定度が高いと判定されたのは、問 2「保育所の生
活で身近な自然や社会と十分関わっているか」、問 11「子ども同士のトラブル
に関する対応は信頼できるか」、問 16「外部の苦情窓口（行政や第三者委員会
等）にも相談できることを伝えられているか」の 3 項目である。特に、問 2 は
社会福祉法人の評価が株式会社を大きく上回っている。伝統的な事業者である
社会福祉法人が、立地や地域との関係において優れている可能性が示唆されて
いると思われる。一方、僅差ではあるが、株式会社に肯定度が高いと判定され
たのは、問 4「安全対策が十分取られていると思うか」、問 5「行事日程の設定

は、保護者の状況に対する配慮は十分か」、問8「施設内の清掃、整理整頓は行き届いているか」の3項目である。設備の新しさや利用者のニーズに対する柔軟性といった点では、株式会社がわずかながら優勢であると言えるかもしれない。

　残念ながら、今回の分析結果から、社会福祉法人の提供するサービスの質の優位性を主張することは難しい。しかしながら、前述のように、伝統的供給主体である社会福祉法人の「強み」が読み取れる部分もある。サービスの質の評価には困難がともなうが、様々な方法で、社会福祉法人の提供するサービスの質を検討し、その傾向を把握し、より優れたサービスを提供できる存在であることをめざしていくべきであると考える。

第4節　平等性

　次に、社会福祉法人が十分な「平等性」を備えているかどうかを検討する。平等性とは利用者の間で不平等を発生させないということである。「僻地」と呼ばれるような地理的に不利な地域に居住する利用者へのサービス実施、低所得者へのサービス実施などが社会福祉法人によって達成されていれば、社会福祉法人の公益性を示す根拠となる。特に、社会福祉法人による福祉サービス利用者負担軽減のしくみは、低所得者支援の機能があり、社会福祉法人が平等性を備えていることを示す根拠として言及されることが多い。

　社会福祉法人等による利用者負担額軽減制度は2000年5月の旧厚生省老人保健局長通知によって開始された。その後、度々、細部が改正されているが、ここでは2012年3月16日に通知された「社会福祉法人等による生計困難者等に対する介護保険サービスに係る利用者負担額軽減制度事業実施要綱」に基づき制度内容を示す。事業の実施主体は市町村であり、軽減の対象者は市町村民税世帯非課税の者で、「年間収入が単身世帯で150万円、世帯員が1人増えるごとに50万円を加算した額以下であること」「預貯金の額が単身世帯で350万円、世帯員が1人増えるごとに100万円を加算した額以下であるこ

図表 16　社会福祉法人等による利用者負担軽減のしくみ

		本来受領すべき利用者負担総額　A	
	軽減総額　B		
	Aの1%		
法人負担	公費で2分の1負担	全利用者（軽減対象者及び対象外者）の自己負担として事業所が受領した額	
	法人が2分の1負担		

＊公費負担の内訳は市が4分の1、県が4分の1、国が2分の1

（注）　居宅サービスを事例とした場合。
（出所）横浜市「『社会福祉法人による利用者負担軽減事業』概要」

と」など5つの要件すべてを満たす生計困難者などである。生計困難者の利用者負担軽減の対象になる介護サービスは訪問介護、通所介護、短期入所生活介護、介護福祉施設サービスなど15のサービスであり、これらの各サービスの利用者負担額並びに食事、居住費（滞在費）および宿泊費に係る利用者負担額が軽減される。軽減の対象となるのは原則として利用者負担額の4分の1である。当該事業所において、すべての軽減対象者につき社会福祉法人が軽減した総額（図表16のB）のうち、利用者負担総額（図表16のA）の1％に相当する部分を法人が負担する。そして、残りの部分の2分の1までを市町村等が公費で負担し、残りの部分の2分の1を社会福祉法人が負担する。なお、以上のような対象者や、軽減の程度に自治体が独自の要件や内容を加えている場合がある。

　社会福祉法人等による介護保険利用者負担額軽減制度は、必ずしも全国すべての市町村で実施されているわけではない。厚生労働省『介護保険事務調査』（各年版）によると、2007年度の実施市町村数は1,557自治体であり、全国の市町村の85.2％が制度を実施している。実施市町村数およびその割合は、2003年度は2,429（75.6％）、2004年度は2,345（75.1％）、2005年度は1,855（76.7％）、2006年度は1,524（82.7％）であり、漸増する傾向にあると言える。

　実際に各自治体でどの程度の社会福祉法人がこの利用者負担軽減に参加し

第 4 章　社会福祉法人の公益性

図表 17　東京都における社会福祉法人による利用者負担軽減の実施状況

2006 年 8 月 31 日現在

	実施事業所数	社会福祉法人事業所数	実施率
訪問介護	106	205	51.7%
通所介護	315	430	73.3%
短期入所生活介護	223	337	66.2%
介護老人福祉施設	219	362	60.5%

2012 年 12 月 31 日現在

	実施事業所数	社会福祉法人事業所数	実施率
訪問介護	131	221	59.3%
通所介護	365	447	81.7%
短期入所生活介護	280	381	73.5%
介護老人福祉施設	284	332	85.5%

(注)　実施事業所数は東京都「生計困難者等に対する利用者負担額軽減制度事業に伴う事業者からの『申出書』の届出状況について」、社会福祉法人事業所数は厚生労働省「介護サービス施設・事業所調査」に基づいている（社協事業所を含む）。それぞれ各年版より作成。
(出所)　狭間（2014: 27）

ているのかをみていくことにしよう。社会福祉法人の利用者負担軽減に関する情報が積極的に公開されている東京都と埼玉県を事例とした。図表 17 は、東京都における社会福祉法人による介護保険利用者負担軽減制度への参加状況である。2006 年、2012 年において、代表的な介護保険給付である訪問介護、通所介護、短期入所、介護老人福祉施設（特別養護老人ホーム）の 4 つのサービスで制度に参加している事業所が全体の事業所に占める割合を求めた。2012 年 12 月において、4 種類のサービスに対する社会福祉法人の参加率は 59.3％から 85.5％まで幅がある。なお、東京都の場合、利用者負担軽減措置は社会福祉法人だけに制度が存在しているわけではなく、営利法人等が軽減を行う制度もあり、相当数の営利法人が参加している。利用者負担軽減制度には低所得者支援の側面だけでなく、新規顧客の獲得という別の側面もあると考えられる。埼玉県においても、同様の検討を行った（図表 18）。2006 年 2 月の時点では、社会福祉法人の減免に参加しているのは、全法人の約半分程度であった。2008 年 5 月の時点では、社会福祉法人の参加率は増大しており、前述の厚生労働省の調査と同じく制度の普及を示す結果となっている（ただ

95

図表 18　埼玉県における社会福祉法人による利用者負担軽減の実施状況

2006 年 2 月 15 日現在

	実施事業所数	社会福祉法人事業所数	実施率
訪問介護	73	157	46.5%
通所介護	148	299	49.5%
短期入所生活介護	104	214	48.6%
介護老人福祉施設	102	209	48.8%

2008 年 5 月 31 日現在

	実施事業所数	社会福祉法人事業所数	実施率
訪問介護	90	152	59.2%
通所介護	174	324	53.7%
短期入所生活介護	134	245	54.7%
介護老人福祉施設	132	232	56.9%

2010 年 8 月 17 日現在

	実施事業所数	社会福祉法人事業所数	実施率
訪問介護	91	145	62.8%
通所介護	180	307	58.6%
短期入所生活介護	141	241	58.5%
介護老人福祉施設	140	230	60.9%

(注)　実施事業所数は埼玉県「生計困難者に対する利用者負担軽減実施事業所一覧」、社会福祉
法人事業所数は厚生労働省「介護サービス施設・事業所調査」に基づいている（社協事業
所を含む）。それぞれ各年版より作成。

(出所)　狭間（2014: 27)

し、埼玉県の場合、利用者負担軽減措置を廃止した事業所の除外が必ずしも十分でなく、結果として新規加算される事業所の数が過大に反映されている可能性がある）。2010 年 8 月においては、訪問介護、介護老人福祉施設で 60％を超えている。これら 4 つのサービスでは参加率に大きな差がないが、他のサービスの種類によっては参加率の高低に差がある。例えば、2008 年 5 月の認知症対応型共同生活介護の軽減制度への参加は 35 事業所中 3 事業所で参加率は 8.6％であり、訪問介護や通所介護と比較して参加率は低い。社会福祉法人による利用者負担軽減の実施は、全体的に実施法人が増加していることが推測されるが、地域やサービスの種類によって、その進捗状況に大きな隔たりがありそうである。多くのサービスで、大半の法人が実施している状態を達成できれば、社会福祉法人の公益性を主張する有力な根拠となると思われる。

第5節　社会貢献・合規性

　本書が提案する社会福祉法人の公益性の要素のうち、「サービスの質」や「平等性」は、社会福祉法人の実施する事業のなかでも、社会福祉事業や介護保険事業といった公費による事業収入の見込める事業に関わる要素である。事業収入にならない活動においても、社会福祉法人が積極的に地域社会の福祉向上に貢献していれば、社会福祉法人の大きな存在意義となる。残念ながら、社会福祉法人による社会貢献の実態を把握することは難しい。また、営利法人・NPO 法人との比較も困難である。以下では、近年注目されるようになった社会福祉法人の「内部留保」の問題を取り上げ、社会福祉法人の社会貢献をめぐる議論の方向性を検討することにしたい。

　2016（平成 28）年の社会福祉法改正における重要な改正点として、社会福祉充実残額の明確化があげられる。社会福祉充実残額とは、法人の持つ純資産の額から、事業の継続に必要な財産（事業に活用する土地・建物、建物の建替、修繕に要する資金など）を差し引いた金額を指す。言い換えれば、社会福祉充実残額とは、当面、事業に使われる見込みのない法人の内部資金であり、こうした資金について、社会福祉事業や公益事業の実施に用いる計画作成が求められることになった。また、社会福祉事業や公益事業の枠内・枠外で、これらの資金を活用した法人独自の「地域における公益的取組」が努力義務として求められることになった。改正社会福祉法第 24 条第 2 項に「社会福祉法人は、社会福祉事業及び第二十六条第一項に規定する公益事業を行うに当たつては、日常生活又は社会生活上の支援を必要とする者に対して、無料又は低額な料金で、福祉サービスを積極的に提供するよう努めなければならない」とする条文が追加された。

　社会福祉充実残額の背景には、社会福祉法人の内部留保の問題がある。内部留保とは法人内に蓄積された資金を意味している。公益性が高いとされる社会福祉法人には様々な補助金交付や財政優遇措置が認められているが、こうした財政措置が十分に社会的に活用されず、不当に法人内部に蓄積されているので

はないかという議論である。

　社会福祉法人の内部留保や地域貢献の義務づけといった議論の背景には、近年、社会福祉法人会計制度の整備が進められたことがある。社会福祉法人の会計については、2000年から社会福祉法人会計が設定されていたが、これ以外にも複数の会計ルールが併存していたため、厚生労働省は2011（平成23）年7月に「新たな社会福祉法人会計」（以下、新会計基準とする）を制定した。新会計基準は2012（平成24）年4月1日から開始されることとされたが、経過措置として、2015（平成27）年3月31日（平成26年度決算）までの間は従来の会計処理が認められた。

　新会計基準における「財務諸表」は、「資金収支計算書」「事業活動計算書」「貸借対照表」の3種類とされた。このうち、社会福祉法人の内部留保に大きく関わるのが「貸借対照表」である。新会計基準の適用が進み、法人全体の財産状況が把握されやすくなったことが内部留保の議論の背景にあると思われる。

　社会福祉法人の内部留保が議論の俎上に載せられるきっかけとなったのは、2011年7月7日に日本経済新聞に掲載された松山幸弘の記事のようである（松山2011）。松山は、独自の分析結果から、施設を経営する法人全体の黒字額が4451億円（収入に対し5.9％）、純資産が12兆8534億円（総資産に対し79.4％）であるとして、施設経営法人全体の黒字額・純資産がトヨタ自動車を上回ると主張している。そして、純資産に対して支出の少ない法人に、「東日本で共同事業をする」といった社会還元活動を求めるべきであると述べている。

　政府レベルでは、厚生労働省の社会保障審議会・介護給付費分科会第87回（2011年12月5日）において表面化したと思われる。同回の資料3は、特別養護老人ホーム1,087施設（施設全体の3割弱に相当）の貸借対照表を分析し、「次期繰越活動収支差額」および「その他積立金」（図表19の右下、純資産に分類される）を合計した額を内部留保とし、1施設あたり3.1億円の内部留保があるとしている（ただし、同回の議事録をみると、同分科会において内

第4章　社会福祉法人の公益性

図表 19　特別養護老人ホームの貸借対照表（1施設あたり平均）

単位：千円

資産の部		負債の部	
I　流動資産	208,364	III　流動負債	37,980
1　現金預金	130,971	1　短期運営資金借入金	1,584
2　有価証券	3,929	2　未払金	21,541
3　未収金	60,916	3　施設整備等未払金	597
4　他会計区分貸付金	5,670	4　他会計区分借入金	4,221
5　会計区分外貸付金	226	5　会計区分外借入金	532
6　その他の流動資産	6,650	6　引当金	2,752
		7　その他の流動負債	6,753
II　固定資産	769,911	IV　固定負債	175,807
1　基本財産	638,322	1　設備資金借入金	152,724
うち建物	511,114	2　長期運営資金借入金	6,023
2　その他の固定資産	131,589	3　他会計区分長期借入金	2,179
うち投資有価証券	6,635	4　退職給与引当金	11,535
うち会計区分長期貸付金	3,783	5　修繕引当金	410
うち移行時特別積立金	6,156	6　人件費引当金	106
うち移行時原価償却特別積立預金	1,879	7　その他の引当金	695
うちその他の積立金	45,900	8　その他の固定資産	2,135
		負債の部合計	213,788
		純資産の部	
		V　純資産	764,488
（a）－（b）＝ 実在内部留保		1　基本金	147,637
（c）＝ 発生源内部留保		うち4号基本金	3,053
		2　国庫補助金等特別積立金	306,173
		3　その他の積立金	59,889
		4　次期繰越活動収支差額	250,789
		純資産の部計	764,488
資産の部合計	978,275	負債及び純資産の部合計	978,275

（出所）厚生労働省「社会保障審議会介護給付分費科会介護事業経営調査委員会第7回資料3」
　　　　p.8. 一部修正

部留保は大きな議論にならなかったようである）。2012年7月3日の財務省
予算執行調査結果は、特別養護老人ホームにおいて、大規模施設のほうが入所
者1人あたりで比較しても多額の内部留保を保有していること、内部留保が
多額の施設ほど社会福祉法人による利用者負担軽減事業の実施率が低いことな
どを指摘した（財務省 2012）。

さらに、同分科会介護事業経営調査委員会は第7回（2013年5月21日）の資料3において、発生源内部留保と実在内部留保という概念を設定し、特別養護老人ホーム1,662施設などを対象として、あらためて内部留保を分析している（ただし、この分析は同分科会同委員会独自のものというよりは、明治安田生活福祉研究所〈2013〉に基づいたものと思われる）。それぞれの計算方法は次のとおりである。

　　実在内部留保 ＝「現預金・現預金相当額」－（流動負債 ＋ 退職給与引当金）
　　発生源内部留保 ＝ 次期繰越活動収支差額 ＋ その他の積立金 ＋ 4号基本金

　分析の結果、特別養護老人ホーム1施設あたり平均の実在内部留保額は約1.6億円、特別養護老人ホーム1施設あたり平均の発生源内部留保額が約3.1億円、としている。また、定員規模が大きい施設ほど、1施設あたりの実在内部留保額・発生源内部留保額が大きくなっていること、社会福祉法人による利用者負担軽減とは有意な関連がみられないことを述べている。

　前述のように、松山幸弘は内部留保問題の火付け役であり、議論に大きな影響力を与えたと思われる。松山は厚生労働省とは別に、独自の計算方法で内部留保に関する分析を行っており、分析結果の結論として、社会福祉施設を経営する全国の法人（約18,000法人）の年間黒字額が約5000億円であることなど述べている（松山 2013）。松山は厚生労働省所轄の304法人、東京都がインターネット上で財務データを公開している534法人、その他56法人、合計約894法人のうち施設経営を行っている法人を分析対象とした。計算方法は厚生労働省の計算とは大きく異なり、特に事業活動収支計算書における法人全体の年間の事業収入と事業支出を比較して、そこから導き出される経常収支差額を強調しているように思われる。上記894法人の経常収支差額に加え、それ以外の法人については東京都の534法人の平均値から経常収支差額を推計して両者を合計することで、全国の施設経営法人の経常収支差額（つまり黒字額）が約5000億円であると推測している。また同時に、経常収支差額率にも

言及し、上場企業よりも社会福祉法人の黒字幅が大きいと主張としている。

松山の試算が厚生労働省の試算と異なるのは、厚生労働省試算が特別養護老人ホームのみを分析対象としていたのに対して、松山は社会福祉法人全体を対象としたためである。また、資産を強調するのではなく、収支額（率）を対象としていると思われる。松山は、「内部留保の大半は固定資産になっており拠出できる資金がない」といった反論についても、「毎期実現しているプラスのキャッシュフローから拠出するのであれば既存の預金が減ることはないので、この反論は的はずれである」と述べている（松山 2013）。

内部留保の把握には、当初より様々な計算方式があったようである。厚生労働省試算は貸借対照表の資産から割り出しているが、この方式は、積極的な活動のために資金を温存している団体が評価されないなど問題がありそうである。松山による計算は大幅に異なるものである。資金収支活動報告書の事業収入と事業支出から経常収支差額（率）を割り出して社会福祉法人全体の年間の黒字を出し、民間企業と比較してそれが過大であることを指摘している。

このような内部留保をめぐる議論を踏まえて、今改正では、社会福祉充実残額という名称で、内部留保を把握する方向性が打ち出された。しかし、内部留保の把握にあたっては困難も予想される。どのような方法で、社会福祉充実残額（内部留保）を明確化するのかが大きな課題となる。

前述のような内部留保の指摘に対しても、様々な指摘がある。全国老人福祉施設協議会（以下、老施協）は自らが発行する雑誌『月刊老施協』497 号（2012 年 10 月号）において、「社会福祉法人の内部留保の誤解を正す」と題して、前述した 2012 年の財務省予算執行調査結果による内部留保の指摘に反論している。老施協によれば、まず第 1 に、社会福祉法人は特に設立者の土地と現預金の寄付、政府からの施設整備補助金によって施設整備を行ってきたことから、「他の法人とは異なり、借入金の負担が少なく自己資本比率の高い財政状態を前提として法人認可がなされた経緯があった」。そして第 2 に、法人の資産については配当禁止など法人外への資金流出を禁止する使途制限があり、内部留保を減少させる方策がない。内部留保を引き起こしやすい（あるい

は内部留保を前提とした）制度設計のもと法人が運営されてきた経緯があり、こうした実情を踏まえるよう反論している。さらに老施協は、貸借対照表に基づいた単純な計算では内部留保の実情が把握できない、と反論している。「内部留保額の多くは、固定資産である事業用資産に投入されており、現預金として積み立てられているわけではない。（中略）仮に、流動資産の『現金預金、有価証券、未収金等 2.2 億円』を事業拡大に投下して事業用建物等を新たに建設したとしても、流動資産から固定資産へと資産形態が変わるだけであり、内部留保は減少しない」とする。

　濱本賢二は、貸借対照表の次期繰越活動収支差額などから帳簿上算出される内部留保と、実際に法人が保有している資金（濱本によれば「内部留保の資金的裏付け」）には差異が生じる、としている。濱本は、法人が建物を建設した場合、会計上、「内部留保」は変わらなくても、「内部留保の資金的裏付け」だけが減少することを示し、「『内部留保』が多額であっても、その多くは既に『建物』や『設備資金借入金の返済』に充てられており、社会福祉法人が保有する資金は少ないこともありうるため、『内部留保』が多額であることをもって直ちに社会福祉法人による過剰な資金保有問題と捉えることはできない」（濱本 2014: 74）と述べ、部分的に老施協の主張を支持している。濱本は、単純に内部留保を問題とするのではなく、例えば内部留保も、そして資金的裏付けも金額が多い場合は、その法人に具体的な将来計画がない可能性がある、というように、内部留保とその資金的裏付けを区別して問題を捉える必要があるとしている。どのような方法で内部留保を明確にしていくのか、大きな課題となりそうである。

　また同時に、どのような法人に内部留保が多いのかを検討する必要もある。内部留保が施設の種類、施設の規模、社会福祉法人による利用負担軽減の実施などと関連するかどうかの分析が課題となると思われる。黒木淳は、大阪府下の 842 法人を対象に、基本財産（現預金・預金相当額）に加えて、厚生労働省社会保障審議会や明治安田生活福祉研究所（2013）と同様に実在内部留保および発生源内部留保の実態分析を行っている。黒木の分析によれば、大阪府

下の対象法人の実在内部留保の平均は約 9000 万円、発生源内部留保の平均は
3.2 億円であり、発生源内部留保の金額は厚生労働省社会保障審議会と似た金
額となっている。しかし、「基本財産、実在内部留保、発生源内部留保が 1 億
円未満である法人の割合は、それぞれ 62.64％、75.09％、44.91％である」
（黒木 2014: 172）として、一部の法人が多額の内部資金を持つ一方、大半の
法人は内部資金が少額であることを指摘している。「介護保険事業および老人
福祉事業の内部留保比率は高く、児童福祉事業および保育事業のそれは低い」
（黒木 2014: 176）として、福祉事業の分野別の相違を指摘している。内部留
保が大きい法人に共通の属性が発見されれば、内部留保は法人の意思ではな
く、構造的な要因によってもたらされている可能性も見出せる。社会福祉法人
をめぐる諸制度の改善に議論を発展させることができると思われる。

　今改正において、社会福祉法人には地域における公益的取組が努力義務とし
て求められるようになった。多額の内部留保を持つ社会福祉法人は、社会福祉
事業や公益事業での資金の利用計画策定が求められると同時に、社会福祉事
業・公益事業の枠内・枠外で、法人独自の資金を用いて自主的な地域貢献に取
り組むことが求められた。しかしながら、その内容には曖昧な部分があるよう
に思われる。地域における公益的な内容を明確にしていく議論も必要であろ
う。

　前述のように、今改正で追加された社会福祉法第 24 条第 2 項を法的根拠と
するが、厚生労働省通知は、その要件を、①社会福祉事業または公益事業を行
うにあたって提供される福祉サービスであること、②日常生活または社会生活
上の支援を必要とする者に対する福祉サービスであること、③無料または低額
な料金で提供される福祉サービスであること、などとしている。高齢者や障害
者など福祉的なニーズを抱える人々への援助であること、法人の自己資金で行
う活動であることが示されているように思われるが、具体的な活動内容が把
握しづらい印象を受ける。様々な取り組みが想定できるが、次のような視点で
様々に類型化していく必要がある。

　地域における公益的取組は、まず社会福祉事業・公益事業との関連で、次の

3つに分類できそうである。第1に社会福祉事業の枠内で行われるものがある。第2に公益事業の枠内で行われるものがある。そして第3に社会福祉事業・公益事業いずれもの枠外で行われるものがある。法律上の事業の位置づけに加えて、法人の自主性の程度によっても分類が可能であると思われる。介護保険における社会福祉法人による利用者負担軽減のように、補助金や介護報酬などの公費によって賄われる事業の制度内において行われるもの、まったくの自主的な事業として行われるもの、に分類できよう。また、対象者や援助内容による分類も可能と思われる。社会福祉法人が自主的に様々な活動を行っている。大阪府社会福祉協議会は、今回の法改正を待たず自主的な社会貢献活動を行っており、府内の福祉施設経営法人からの資金援助も併せて、DV（ドメスティック・バイオレンス）被害者、多重債務者など、従来の高齢者・障害者・児童にとどまらない、多様なニーズを対象にして活動を行っている。その援助内容も相談援助（情報提供、専門機関への紹介）、経済的援助（物品、金銭の提供）など様々である。対象者や援助方法などから類型化し、社会福祉事業・公益事業との関係において、どのような位置づけになるのかを検討する必要がある。こうした作業の継続によって、地域における公益的取組がより一層明確なものとして市民に認識されるようになると思われる。

　こうした議論の背景には、社会福祉法人の運営体制に関する不信感の高まりがある。朝日新聞は2014年1月より「報われぬ国　負担増の先に」と題する連載を開始し、その第2部は社会福祉法人の私物化や乱脈運営に焦点を当てており、福祉施設の園長の地位が金銭で売買されていることなどを「福祉利権」として報じている（例えば、朝日新聞2014年5月19日朝刊）。また、全国社会福祉法人会計研究会は、2004年度から2013年度前半の9年半の新聞等で報じられた「不正」事例をデータ化し、毎年平均して20件、10億円から20億円程度の不正が発覚しているとしている。介護・老人福祉サービスの事業が多く、補助金や介護報酬不正受給（入所者水増し、定員超過隠蔽、職員数改ざん）、補助金や寄付金収入着服・簿外処理、架空水増し発注・計上、資金流用・不正貸付などに類型化できるとしている（全国社会福祉法人会計研究

会 2014: 2-14）。

　現状において、社会福祉法人が公益性の要素をすぐれて備えていることに十分な根拠が集まっているとは言えないのかもしれない。しかしながら、そうした要素を部分的に論証していく作業には大きな意義があると思われる。営利法人と比較して社会福祉法人の提供するサービスの質が優れている可能性はある。社会福祉法人による利用者負担軽減についても、未実施の法人が多いと言われてきたが、徐々に実施する法人も増加しているようである。社会福祉充実残額の設定により、法人の社会貢献活動が推進され、多くの国民にその活動が実感されるようになる可能性もある。一つひとつの要素に関わる取り組みを着実に実施し、目に見える形で国民に示すことが重要であると思われる。「財政優遇に値する社会福祉法人ならではのサービスというのは具体的に何か」と問われたときに、「社会福祉法人は優良な福祉サービスをすべての国民に平等に提供しており、本来の事業以外においても、社会的に不利な立場にある者の利益に積極的に貢献している。そして、これらの活動は、法令遵守と適正な財務運営のもとに行われている」と総合的な公益性を具体的な証拠をもって反論し、社会全体に呼びかけていくことが重要であろう。
　こうした公益性の確保は、法人の努力だけで解決されるべきものではない。サービス供給主体の多様化・市場化という制度設計を行った政府にも大きな責任がある。政府には、異なる供給主体の間の制度較差の根拠を明確にし、競争条件の公平化（単純な平等化ではない）を達成することが求められているのである。準市場には様々な課題があるが、根本的な市場構造の条件整備こそが、政府に求められる喫緊の課題であると言えよう。

第6節　特異性

　日本の社会福祉サービスにおいて、供給主体間の競争条件較差が発生している原因の1つは社会福祉法人制度にある。1951（昭和26）年の社会福祉事業

法の制定以来、社会福祉サービスの実施に専門特化してきた法人の存在が、準市場改革において新たに参入した多様な供給主体に対する参入障壁、競争条件較差の原因の1つとなったと考えられる。社会福祉法人制度は、私的財産を公的なコントロールのもとに置き、公共サービスの供給主体とし、公費投入を抑制しつつサービス供給量の増大を図ることを可能にするしくみであった。こう考えると、政策手法によって民間組織をコントロールして、公共サービスの供給に活用するという発想そのものが競争条件較差の原因であるとも言える。公私融合による公共サービス提供に、政府組織も民間組織も強い選好を持つ傾向にある。

　戦前より社会事業を手がけてきた民間組織を、政府による強いコントロールのもと、公共サービスの供給主体として活用しようという発想があったことは、主として社会福祉学研究者による第2次世界大戦直後の社会福祉法人設立過程の研究によって明らかになる。北場勉の研究によれば、政府内における社会福祉法人の設立の目的は次の3点にまとめられる（北場 2002: 38）。第1の目的は、憲法第89条問題の回避である。日本国憲法第89条は「公の支配に属さない」慈善・博愛事業に対する公金支出を禁止していたため、公的助成を受けることのできる「公の支配に属する」法人を設立し民間組織をそこに組み込むことで、社会福祉サービスを、公的な財政支出のもとで公共サービスとして民間組織に提供させるしくみをつくったということである。第2の目的は、社会事業の信用回復である。1945（昭和20）年12月15日、政府は「生活困窮者緊急生活援護要綱」を閣議決定して、生活困窮者の生業支援の目的で社会事業法による授産施設の設置を奨励し、国庫補助の対象としたが、施設設置主体を制限しなかったために一部の民間事業者が収益化に走るなどの弊害が起こったという。社会福祉法人設立の背景には、社会事業の設置主体を厳格化し信用を回復する目的があったということである。

　この第1、第2の目的は、社会福祉法人設立背景の通説である。熊沢由美は、社会事業法の改定、新たな社会福祉事業法の制定をめぐって、社会福祉サービスに対する安易な民間組織の活用を禁止し公的責任による社会福祉サー

ビスの実施を求める GHQ に対して、旧厚生省が一貫して民間組織の活用を志向し、その方策を模索し続けていたことを明らかにしている（熊沢 2002）。熊沢によれば、GHQ は民間への補助そのものを問題にしているのではなく、公的責任で行われるべき事業を一部の篤志家などによる民間社会事業団体に依存し、彼らに一時金として補助を出すことによって公的責任達成を正当化していることを問題としていた。GHQ による「政府の私設社会事業団に対する補助に関する件」で社会事業法による民間への補助が禁止され、日本国憲法制定とともに第 89 条の「公の支配」の解釈によって民間への補助が行えなくなった。これに対して旧厚生省は、早急に施設の数を確保するための現実的で有効な選択肢として、戦前どおり民間組織を用いて社会事業を展開することを考えており、社会福祉事業法の制定の際に、公的責任や公私分離を明確に規定しつつも、「公の支配に属する」民間を創設し強いコントロールのもとで引き続き民間を活用していく方法を発案したのである。熊沢は、社会福祉事業法制定時の厚生省社会局庶務課長の黒木利克の言葉を引用して次のように述べている。「こうして GHQ のもとでも、国が民間を活用する道が開けたのである。特別法人制度は、民間を限定して国が管理する手段である。それによって、民間が公的責任の範囲の事業を行うことを可能にした。そして、国が民間へ委託することを可能にしたのである。さらに、厚生省は、民間を整備するための補助についても視野に入れていた。社会福祉事業法の成立後、黒木は『社会福祉法人制度は、実は民間社会事業に対する補助金制度の途を開くために考え出したものだ。公の支配に属する要件を社会福祉法人の認可条件に入れておけば憲法 89 条の違反にはならない。将来必ず補助金なり公金の利用が可能になる』と発言したという。それは、立法化に至らなかった社会事業法改定案にみられた厚生省の考えであった」（熊沢 2002: 103）。

　憲法第 89 条回避、社会事業の信用回復といった目的に加えて、北場が指摘するのが、公益法人課税問題の解決という第 3 の目的である。1949 年 8 月の「シャウプ勧告」は、従来非課税であった公益法人に対してその収益化傾向を指摘し、その収益事業に課税するなどの厳しい姿勢を示した。このため、公益

法人として課税強化される可能性のある民間社会事業家を救済するために、社会事業を行う社会福祉法人を新設し、旧来の公益法人と切り離して課税上有利な取り扱いを受けられる途を開いたのである。北場は「社会福祉法人を創設する緊急性は、憲法89条問題よりも課税問題であったと思われる」（北場2002: 38）。として、税制の優遇措置が社会福祉法人設立の大きな動機であったと指摘している。

　以上のように戦後直後の社会福祉法人設立には、強い法的規制のもと税制上の優遇といった財政措置のインセンティブを与え、一定のコントロールのもと事業者数を増やしていくという、公的責任のもとでの政策手法を用いた民間組織の活用の発想が読み取れる。そして、このことが現在の社会福祉サービスの準市場化における供給主体間の競争条件較差をつくり出したというのが本書の立場である。旧来の民間組織（社会福祉法人）への強いコントロールである政策手法と、さらなるサービス量と質の確保の目的で、新たに別の民間組織（営利法人・NPO法人）の参入を促すために用いた新しいコントロール方法である政策手法との間に差異が発生し、わが国の社会福祉サービス準市場化の克服すべき課題となっているということである。

　社会福祉法人に対する強いコントロール、それによって引き起こされる供給主体間の競争条件較差という問題は、日本に固有の問題なのだろうか。日本の社会福祉サービス供給の特異性を示すものなのであろうか。社会福祉サービスの国際比較の対象をアメリカ、イギリスに限定したとしても、例えばアメリカであれば州ごとに、それぞれのサービスについて法的規制・補助金・税制優遇措置の現状を分析する必要があり、見解を示すことには慎重にならざるを得ない。社会福祉サービスの供給主体が多様化し、そこに一定の競争が発生する状況はアメリカ、イギリスにおいても発生している。様々な制度の分析の結果、それら多様な供給主体間の競争条件に何らかの格差が発生し問題となっていることは十分に考えられる。つまり、日本と同様、アメリカ、イギリスの社会福祉サービスにおいても競争条件較差の問題は同様に発生しており、この現象を日本に固有のものと捉えるのではなく、普遍的なものと捉える見解も成立しう

ると思われる。

　しかし一方で、日本と比較して、アメリカ、イギリスにおいては社会福祉サービス供給主体間の制度較差への問題意識が希薄である印象も受ける。例えば、アメリカのカリフォルニア州においては非営利組織に対する課税における免税制の採用がある。「免税制」とは「課税庁独自の審査を通過できて初めて本来の事業が課税除外となる方式」であり、「わが国のように主務官庁の許可を受け法人格を取得すれば本来の事業などが自動的に課税除外となる方式」である「非課税制」と区別される（雨宮・石村・中村・藤田 2000: 24-25）。雨宮孝子は、「わが国の公益法人と異なり、公益あるいは非営利法人格を取得しても自動的に法人税の優遇措置が適用されるのではなく、免税団体になれるかどうかは内国歳入庁（IRS）の審査が必要である。さらに一度、免税団体に認定されたら永久に免税団体の資格が与えられるのではなく、内国歳入庁の検査により免税資格を剥奪されることもある」（雨宮・石村・中村・藤田 2000: 4-5）と述べている。アメリカでは多くのNPOが法人格を取得し、免税措置を受けながら公的な社会福祉サービスを提供しているが、わが国のように社会福祉サービスに専門特化した非営利法人を制度化し、その法人のみに自動的に優遇措置を付与する一方で、同様のサービスを展開した別の非営利法人には自動的に課税するというしくみにはなっていないと思われる。こうした点を踏まえると、競争条件較差の問題は日本において深刻な形で発生しており、日本特有の現象である可能性も考えられよう。

　また、社会福祉法人に対するコントロールは、イギリス、アメリカと比較して「早い時期」から開始されている可能性もある。政策手法によって民間組織をコントロールし、公私融合による公共サービス提供を実現するというアイデアに、日本はいち早く気づいたのかもしれない。山本隆は、福祉サービス供給体系のなかに民間サービスの請負契約制度を導入した形態を民間業務委託購入（purchase of service contracting）として、イギリスにおいて民間業務委託活用論が出始めた時期を1960年代後半から70年代前半のシーボーム改革の時期に特定している。そのうえで、山本は次のように述べている。「わが

国の民間福祉はその多くが『社会福祉法人』という形態をとり、国および地方自治体からの補助金である"措置費"を受けることにより施設運営を行っている。端的に言って、その歴史的性格から、わが国の民間福祉は『行政の肩代わり』という役目を担っており、『公』の支配に属してきた。それに対して、イギリスの民間は『法人』という形を採らず、あくまで"ボランタリー"な組織として福祉活動を行うことを信条としている。そうした"ボランタリー"な団体への資金援助には民間の自主性を損なうことなく『金は出すが、口は出さない』（support but no control）という鉄則があり、公私の緊張関係が成立している。しかしながら、同時に、近年のイギリスの民間福祉補助金の動向をみると、新たな公・私関係の局面に気づくのである。そこでは、公共優先という建前がある反面、事実上の民間優位は否定できず、公は民から福祉サービスを『買い上げ』、民はそれにより財政逼迫をしのいでいる。こうしてみると、明らかに、以前とは異なった新たな公・私関係の段階に入っていることがわかる。それは主に財政を理由として、公私が混然一体となった形態になってきているといえよう」（山本 1989: 189）。山本によれば、アメリカにおいては、1962年の社会保障法修正により州の社会福祉部による「購入」が可能となり、76年法によってさらに促進され、公私の機関からの「購入」が認められるという経緯があり、ニクソン政権下の"新連邦主義"に基づく福祉政策の実施によって民間業務委託に拍車がかかったという（山本 1989: 187）。このような記述を踏まえると、アメリカ、イギリスとの比較においては、社会福祉法人に対する「早い時期」からの強いコントロールという日本の社会福祉サービスが持つ特異性が指摘できる可能性がある。

　競争条件の平等化という課題、そしてその原因である社会福祉法人に対する強いコントロールがどこまで日本に固有のもので、どこまで日本の特異性を示すものであるのかについては、現在の段階でのアメリカ、イギリスの供給主体間の参入規制・補助金・税制措置について検討し、さらにはそれらが歴史的にどのような変遷をたどってきたのかを明確にすることが必要であろう。それらの作業を通して日本の特異性が明らかになると思われるが、本書ではそこまで

踏み込んだ主張を行うことはできなかった。制度較差の程度を主張することは
できないが、それぞれの国においてこれらの制度が多様に存在することは明ら
かであり、その分析の際に政策手法によるコントロールに着目することが有益
であることは間違いないと思われる。

第5章

社会福祉サービスの質
──イギリス・アメリカの議論から──

第1節　公共サービスの質

　前章で述べたように、社会福祉法人が提供するサービスの質は、社会福祉法人の公益性と大きく関連する。日々のケアの内容において、社会福祉法人が営利法人等などに比べて優れた質のサービスを提供していることが論証されれば、これもまた社会福祉法人の公益性の主張を補強するものになろう。前章では、特に利用者満足度に注目して社会福祉法人のサービスの質を検討したが、実は、サービスの質の概念は定義が困難であり、基準設定や測定が極めて難しい。社会福祉サービスの市場化において、この質の概念の持つ不確実性が、市場化の是非、本書の文脈で言えば社会福祉法人を含む非営利主体と営利主体のあるべき関係を議論する際の最も判断の難しい問題となるのである。本章では、公共サービスの質の定義を行い、アメリカやイギリスにおける社会福祉サービスの準市場改革において、福祉サービスの質についてどのような議論があったのかを検討する。

　社会福祉サービスも含めて、公共サービスの分野では、質や品質という概念がよく用いられるようになっている。しかし、では公共サービスの質や品質が何を指すのか、公共サービス領域で品質という概念を用いることにどのような意義があるのかについては議論がある。西村美香は、新公共経営（new public management）概念を構成する要素として質の概念をあげ、「80年代後半からコストに偏重した『能率』の追求よりも、顧客の要求に沿ったサービスを提供

しているかという『質』の重要性が認識されるようになり、90 年代に入ってから総合品質管理（TQM：total quality management）が主流となっている」と述べている。しかし、「どういうものであれば、国民のニーズにあった『質』の改善につながるのかというと、実はこうした肝心なところがまだ解決されていない所に NPM の弱点がある」（西村 1997: 121）としてその概念規定の困難を述べており、公共セクターにおいて質という概念は、一部で積極的に用いられているにもかかわらず、その概念の内容・意義について必ずしもコンセンサスが得られていない状況なのである。

　JIS の品質定義によれば、品質とは「品物又はサービスが、使用目的を満たしているかどうかを決定するための評価の対象となる固有の性質・性能の全体」（JIS Z 8101）であり、財・サービスに利用者の求めている属性をそれらがどの程度備えているかによって決定される。しかし、品質概念に、公共サービスに利用者が求めている属性という程度の意味合いしかないのであれば、品質は従来から行政活動の指標として用いられてきた概念とどう違うというのだろうか。というのも、公共サービスの評価においては投入・産出モデル（図表20）が一般的に用いられており、インプット（投入）、アウトプット（産出）、アウトカム（成果）と、それら相互の関係を表す能率性・有効性、さらには経済性などといった概念がすでに存在するからである。

　このことは、欧米における質（quality）の内容についての議論からも明らかである。例えば、イギリスの行政学者 Colin Talbot は、民間セクターの品質管理手法を公共サービス分野に適用したときの問題の 1 つとして、公共サービスの質が民間セクターほど単純ではないことを指摘している。Talbot によれば、公共サービスの品質は「複雑な利害関係者」を有する。例えば、刑務所という公共サービスを例にとれば、法廷、政府、犯罪被害者だけでなく囚人もまたサービスの顧客となりうる。社会保険給付の支払いのような単純なサービスでさえ、保険給付の受取人以外にも、社会保険に関心を寄せている納税者や一般市民までもが潜在的な顧客になりうるのであり、質という概念で表されるものをどのように特定し、どのように測定していくかについて、売上高など

114

第5章　社会福祉サービスの質

図表 20　投入・産出モデル

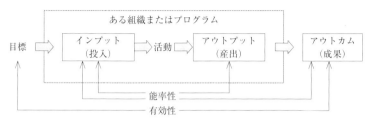

＊警察の交通安全対策を例とした場合
　インプット…………アウトプット、アウトカムを生み出すための資源。資金、職員、備品・消耗品など。
　活　　　動…………パトロール、検問。
　アウトプット………生み出される財・サービス。パトロール時間、検挙者数など。
　アウトカム…………組織やプログラムの外部で起こる出来事。交通事故死者減少など。
（出所）古川・北大路（2001: 61, 66）を参考に筆者作成

の代替物で成果を評価できる民間セクターと大きな隔たりがあると述べている（Talbot 1999）。

　そして、公共サービスに関わる利害関係者が多様であるということは、公共サービスにおいて追求される質が様々な意味を持つということを意味している。Christopher Pollitt は、公共サービスにおける質の多様性を踏まえて、①ミクロレベルの質（micro-quality）、②メゾレベルの質（meso-quality）、③マクロレベルの質（macro-quality）という公共サービスの質の3つのレベルを示した。すなわち、ミクロレベルの質とは、あるサービス供給主体における組織内部の業務活動の質、能率やパフォーマンスという概念で代替される概念であり、メゾレベルの質は、有効性の概念で代替されるサービス供給者と利用者の間に適用される概念である。そしてマクロレベルの質は、公共サービスを提供する政府に対する市民の信頼であり、正統性の概念で言い表されるものである（Pollitt and Bouckaert 1995: 14-15）。Pollitt の分類に従えば、質という言葉は、能率性、有効性や正統性などを包括した極めて抽象的な言葉に過ぎない、ということになる。Pollitt 以外にも、1998年に設置された米国医療の質委員会（The Committee on the Quality of Health Care in America）は、「医療の質」として、①安全性（患者が害を受けるようなことがあってはなら

115

ない）、②有効性（過小・過剰な医療サービス双方を回避する）、③患者中心志向（個々の患者の意思、ニーズ、価値意識を尊重し、患者の要望に応える医療を提供する）、④適時性（待ち時間、診療の遅れをなくしていく）、⑤能率性（設備や資材などの医療におけるあらゆる無駄を排除する）、⑥公平性（性、民族、居住地、社会経済的地位を理由に医療サービスの質が異なることがあってはならない）の6つの要素をあげた（米国医療の質委員会・医学研究所 2002: 49）。これらを踏まえると、質という言葉で表現されていたのは、公共サービスの分野で従来から用いられてきた概念の総称に過ぎないことがわかる。「質」という言葉は、図表20のすべての側面に用いられるものなのである。

　Ian Shaw は、一連の改革において対人社会サービスの質についての政策の実施が不完全である、と述べている（Shaw 1995: 128-129）。Shaw がまず第1に指摘するのは、サービス利用者の選択を増やすという政策が、実際には対人社会サービスの多くの消費者の質を保証してはいない、ということである。そもそも自由にサービスを選択できる消費者という概念が、サービスを求めつつも、病気や障害や低所得、地域の慣習などによって大きな制約を受けている人々にはまったくなじまないものであり、また、たとえある利用者があるサービスに不満を持ったとしても、別の選択肢を選べないことが多いという。そして、第2には対人社会サービスにおけるサービスの質の概念規定が困難であるということである。Shaw によれば、「対人社会サービスにおける質というレトリックは、政治的にもマネジメント的にも操作されているのである」（Shaw 1995: 129）。具体的には、政治家は費用対効果（cost-effectiveness）としての質を強調し、行政の管理者（manager）は組織のコントロールやスタッフのパフォーマンスのコントロールという視点からの質を強調し、福祉専門職は自らが生き残れることができるように質を強調する。そして、結果として質の概念規定は難しいものになるのである。Shaw は対人社会サービスの質を向上させていくためには、「サービスが一人ひとりの利用者、介護者のニーズに合っているか？」「地理的環境、人種、ジェンダー、信仰、支払い能力にかかわらず、サービスが利用できるか？」「消費者は満足しているか？　悩み

や問題は軽減されたか？」「供給者・納税者の期待は満たされたか？」といった問題を絶えずチェックしていく必要があり、このようなサービスの適切性、平等性、有効性、社会の受容、能率性をすべてうまく調和させていくことこそが対人社会サービスにおける質の本当の課題である、としている（Shaw 1995: 146-147）。

　公共サービスの質の概念化が困難であり、そもそも質が何を指すのかが不明確である、という問題は、他にも多くの論者によって指摘されている。例えば、Lucy Gaster は次のように述べている。「地方政府は長い間、サービスの質の問題を考えてきたわけで、たくさんの経験、教訓を持っているはずである。しかし、（中略）質についての整理された研究は驚くべきことにほとんどないのである。したがってわれわれには、品質管理が参加している組織や組織の部分、受益者すなわち市民にどのような影響を与えるかについて証拠や証明となるものがない。質の議論では、その定義さえも不明確であり、ポリシーやアプローチ、用いられる手法、利害関係者の関わり方、クオリティ・イニシアティブのプロセスやインパクトの測定方法についてもまったく合意がないのである」（Gaster 1999: 35-36）。Pollitt は、公共サービスの質の概念に関して「全員が本当に同じ目標を追求しているのか、あるいは、質という語を使う際に、様々なグループが様々なものを思い浮かべているのではないか」（Pollitt and Bouckaert 1995: 3）と述べ、「様々な個々人や集団が、自らにとっても最も重要な特質として様々なものを選ぶのだから、質は基本的に技術的であると同時に、政治的であり、社会的なものなのである」（Pollitt and Bouckaert 1995: 18）と、その多様性について述べている。このように、公共サービスの質が抱える問題は、公共サービスにおける質の概念が不明確でその測定が困難であるということである。つまり、質（quality）として表現されるものの内容が、一人ひとりの人間の価値観を反映して極めて多様で、人によって、「質」の表す内容が異なり、そのような質を特定し、その向上を客観的に測定することが困難であるということである。

　なぜ公共サービスの質の概念や客観的な測定が困難になるのか。以下で

は、Michael Lewis と Jean Hartley のイギリス地方政府の文脈における、公共サービスの品質概念整理に従って、公共サービスの特性を整理してみたい。Lewis らは、イギリス地方政府の提供する公共サービスの品質の概念の難しさを、工業製品、サービス（民間含む）と比較して述べている。図表21におけるそれぞれの図の y 軸は、ある製品やサービスの品質の要件（quality requirements：利用者から求められているもの）を表している。x 軸は、品質の達成（quality performance：品質の要件をどの程度達成できたか）を表している（Lewis and Hartley 2001: 479）。工業製品の場合、利用者・消費者、および生産者による品質の要件は定義されやすく、品質の達成も容易である。つまり、顧客のニーズを明確にし、そのニーズに応答することが比較的容易である。消耗品としての日常生活品や家庭用品などが、その例である。これらの製品においては、利用者の製品に対するニーズはどの程度耐久性があるか、などに一般化されやすく、品質の達成も、統計的な手法で事前に測定するなどの方法で、比較的容易である。図表21の A は、このように、ある顧客のニーズが、一般化・平均化され、明確になりやすく（y1）、品質の達成が明確になり（x1）、結果として、点 A のように、利用者のニーズに応答した品質という概念が定義されやすいことを示している。

　もちろん、民間企業の工業製品に限ってみても、品質の基準や測定は容易でないことがある。Walsh に従えば、製品の品質は「遵守（conformance）」と「一致（fitness）」という 2 つの観点から考えられる（Walsh 1991: 503-505）。「遵守」要素は、事前に設定された客観的物理的な基準を、特定の製品がどの程度守っているか、その度合いを質として定義するものである。これに対して、「一致」要素は、その製品が意図された目的や本人の好みをどの程度果たしているか、を質とみなすもので、事後に本人にしかわからないものである。すべての製品は、「遵守」と「一致」の両方の要素を持っているが、例えば、娯楽や食品、図書の質は、事前の基準よりも、本人の好みによって左右されることが多く「一致」の要素が強い。つまり、製品であっても「楽しい」「おいしい」「おもしろい」など個人の趣味や好みに左右されるところでは、品

図表21　質の不明確性

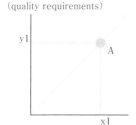
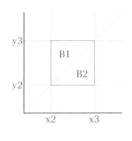
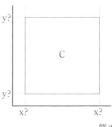

(出所) Lewis and Hartley (2001: 479)

質について普遍的な基準を事前に立て、測定することが困難となる場合もある。

しかし、品質の定義・測定の困難は、提供するものが工業製品ではなく、サービスである場合にさらに困難なものとなる。その理由は、サービスが製品とは異なって、次の3つの特性を備えているからである（Lewis and Hartley 2001: 479）。

①**無形性（intangibility）**

サービスが製品と違って、触れることのできない、実体のない、無形のものであるということである。つまり、サービスは物理的に存在せず、蓄えることができず、事前にその品質をテストすることもできない、ということである。

②**不可分性（inseparability）**

サービスは、利用者との直接的な相互作用なしには生産できないということである。工業製品は　利用者がそれを使おうが使わなかろうが存在するが、サービスを産出するためには、必ず利用者が必要となる。つまりサービスは、生産者と利用者の協働生産（co-production）によってのみ産出されるものである。

119

③不均一性（heterogeneity）

　サービスに対するニーズを一般化・平均化することが困難であるということである。ある利用者があるサービスを受けるとき、そのサービスには利用者と生産者との人間関係までもが含まれることになり、人間関係に利用者が求めるものは、少なくとも工業製品の場合よりも多様になると言える。

　図表21のBは、工業製品と比較して、サービスにおいてはその質を達成することが困難であることを示している。不均一性（heterogeneity）によって、求められるものが多様になり、品質の要件（必要とされているもの）に幅ができ、品質の条件が不明確になる（y2-y3）。同時に、無形性（intangibility）、不可分性（inseparability）によって、あるニーズに対応したサービスを常に一定に提供しているかどうかを測定することが難しくなり、品質の達成も不明確になる（x2-x3）。

　この結果、サービスにおける質は常に、要件も不明確で、その達成も不明確なものとなる。B1のように、ニーズに対して応えていないことや、逆にB2のように、ニーズを超えるような余計なサービスを提供する可能性が増大するのである。サービスの質の概念の困難は、それらサービスが公共サービスであった場合、さらに顕著となる。図表21のCのように、品質の要件はさらに拡大し（y?-y?）、その品質の達成（x?-x?）も拡大するのである。このような拡大を引き起こす要因として、公共サービスが社会秩序サービス（social ordering service）としての性格を持っていることがあげられる（Pollitt and Bouckaert 1995: 13）。社会秩序サービス（social ordering service）とは、社会秩序の維持のため、時として、一部の利用者の意思に反して提供されるサービスであり、そのサービスの基準や達成度合いに、利用者の意思だけでなく、専門職の見解や社会全体が共有する基準が強く反映されるサービスである。例えば、刑務所、警察などがこれに該当し、対人社会サービスの一部にもこの側面がある。ソーシャルワーカーは、当事者である親や児童の意思だけではなく、専門知識や社会全体の基準を考慮して、児童を保護するかどうかを決

定しなければならない。社会の規模や多様性を考慮すると、受け入れられる基準がどのようなもので、どの程度それが達成されたかを確認することは、民間のレストランの接客サービスよりも明らかに複雑である。

第2節　利用者満足度の重視

　このように、質を最も広く捉えた場合、公共サービス分野において、質という言葉を使う意義に疑問を持つ見解も予想される。というのも、質という概念が従来の概念を包括したものに過ぎないなら、そのような概念を使い議論を行うことには議論に混乱をもたらすという弊害だけしかないからである。

　もちろん、このように質を広い意味で捉えたとしても、そこには少なからずその言葉を用いることの意義を見出すことができる。「量」と「質」の対比にみられるように、質には主観的意識や満足度といった意味合いがある（真山2001b: 136-137）。例えば、経済性を重視し低コストのゴミ処理方式を望む住民もいれば、高コストでも環境保全という目的に有効性の高い方式を望む住民もいるように、公共サービス提供において、利用者は各々、経済性や能率性、正統性など様々な側面に価値を置くのであり、質という概念は、経済性や有効性が、様々な主観的な価値観や満足度が考慮されなければならず、そのような価値観や認識の対立を調和させる方法が模索されなければならないことを強調している点で、意義があると言えるのである。このように、品質という概念には、従来の諸概念を総称し、様々な価値観や満足度からそれらの概念のどれが重視されなければいけないかの考慮を促すという意義がある。

　しかし、公共サービスにおいて品質にはもっと狭い意味合いがあり、そこから狭義の品質の意義を導き出すことができるのではないだろうか。定義にあたっては、次の3点を確認しておく必要がある。第1に、能率や経済性、正統性といった様々な概念を含みながらも、質という概念が、アウトカム（成果）に関心を寄せていることである。あらゆる公共サービスは中心的な目的を持っており、そのサービスがどれほど低コストで提供されたか、そのサービス

がどのような手続で決定されたかよりも、そのサービスがその中心的目的をどの程度達成できたか、が重視されるようになっているのである。ごみ処理という公共サービスを例にとれば、ごみ処理サービスがどの程度低コストで提供されたか、どのような手続で決定されたか、ということ以上に、住民に何をもたらしたか、住民が求めるごみ処理サービスをどの程度達成できたか、が重視されるようになっているのである。

そして第2に、そのようなアウトカムのなかでも、サービス利用者の主観的満足度が重視されていることである。図表20で言うなら、アウトカムにおける利用者の満足度ということになる。品質という概念が顧客満足度と大きな関連があることは、民間ビジネスにおいては自明のことである。狩野紀昭は、サービスの品質が顧客の事前期待によって規定されることを踏まえて、品質には「当たり前品質（must-be quality）」や「魅力的品質（attractive quality）」などの様々レベルがあると述べている（狩野 1990: 151）。「当たり前品質（must-be quality）」とは、あって当たり前と受け止められている商品やサービスの特性のことで、その特性がない場合は購入者・利用者は不満に感じ、それが満たされていても、それは当たり前であるのでまったく何も感じない。逆に「魅力的品質（attractive quality）」とは、やってもらえるとは思っていなかったニーズ、誰もが期待していなかったニーズを満たす品質のことで、期待されていなかったので、なくても不満はないが、あれば大きな満足感をもたらしてくれる。これ以外にも、品質特性を上げても満足されず、下げても不満が出ない「無関心品質」や、上げると不満を招き、下げると満足をもたらす「逆品質」という品質レベルをあげているが、いずれも品質レベルに対する事前期待と実績評価の関係によって発生する顧客満足度を強く意識したものである。

そして第3に、そのような満足度をもたらす要因の特定、それらの継続的見直しが前提とされていることである。図表20で、満足度がアウトカムであるとするなら、そのアウトカムをもたらすアウトプットの属性の特定、その継続的見直しが前提とされていることである。品質は利用者の満足度と大きな関係がある。しかし、利用者の満足度そのものがサービスの品質なのではない。

より厳密には、各種のサービスにおいてそのような顧客満足度を導く要因、アウトプット属性こそがサービスの品質なのである。前述の狩野の品質レベルにおいて強調されているのは、「お客の重点を置く要求は、時とともに変化」し、これら品質レベルも刻一刻と変化する、という点である。つまり、顧客の満足度には、それを導く何らかの要因、財・サービスの属性があると考えられるが、それらは静的なものではなく、時とともに変化する動的なものなのである。例えば、ある商品の場合だと、前年までは「魅力的品質」だった特性が、翌年にはもはや「当たり前品質」になることもある。さらには流行遅れということで欠点になることすらあるように、魅力的品質は日々陳腐化していくものなのであり、民間企業の提供する製品やサービスの質にとって重要な要素となるのは、いかに顧客の満足度をもたらすものの変化を捉えられるか、ということに他ならない。顧客の満足度をアウトカムとするなら、それをもたらすアウトプットの属性を特定し、それを継続的に見直すことが必要となるのである。

　以上の3点を踏まえれば、狭義の品質とは「顧客満足度というアウトカムをもたらすようなアウトプット属性」、言い換えれば「利用者満足度をもたらすサービス属性」である。今までサービスの品質はアウトカムに分類されることもあれば、アウトプットに分類されることもあったが、より厳密に言うなら、品質は両者を媒介する中間項なのである（Martin and Kettner 1996: 8）。つまり単なるアウトプットではなく、そのなかで顧客満足というアウトカムにつながる特定のアウトプットこそが品質なのであり、顧客の立場に立って、それを積極的に特定し、なおかつ継続的に見直していくという民間セクターの文化、価値観が込められているところに公共セクターにおける品質概念の意義があると言えるのである。

　投入・産出モデルに基づけば、広義の品質は、能率性・有効性など投入・産出モデルのすべての側面を指す。広義に品質を定義した場合、分析自体が曖昧かつ抽象的なものとならざるを得ないのである。狭義の品質は、あるサービスの固有の目的に密接に関連した利用者満足度をもたらすサービス属性であると言うことができる。

利用者の主観的満足度を重視し、それをもたらす要因としてサービスの質を捉えていく見方はアメリカでも一般的になっている。James F. Gardner は、アメリカの障害者福祉サービスにおける質の内容の変遷を述べている。それによれば、1970 年代の入所施設改革の流れにあっては、施設に投入されるインプット（資金・スタッフ・設備など）が質の内容として重視され、1980 年代前半の脱施設化の時期では、訓練プログラム（habilitation program）を中心とした組織活動のプロセスが重視されるようになり、1980 年代後半にはそれらの活動が利用者にもたらした成果（outcomes）が質の基準と考えられるようになった。そして、1990 年代にサービスの質の基準として考えられるようになったのは、利用者の主観的満足度である（Gardner 1999: 24）。

　Robert A. Applebaum らは、「自分たちの顧客について知らなければならない」「サービス利用者の声を聴かなければならない」といった TQM の原則を意識して、医療や福祉サービスの利用者満足度評価手法を模索している。Applebaum らによれば、近年、ナーシング・ホーム（日本の特別養護老人ホームに相当）には、そのサービスの質の向上を目的として、様々な利用者満足度評価測定法が用いられるようになっている（アプルバウム＆ストレイカー＆ジェロン 2002: 117-128）。オハイオ医療協会（Ohio Health Care Association）の「入所者と家族の満足度調査票」は、入所者とその家族を対象として、住環境、ヘルスケア、独立性、食事、情緒的サポートなど 21 項目に対する満足度を、「大変満足である」から「大変不満足である」までの 4 点法のライカート形式（一番プラスのものから一番マイナスのものへ順に回答をランク付けする方式）で評価する。また、「ナーシング・ホーム入所者満足度スケール（The Nursing Home Resident Satisfaction Scale）」も入所者に対して医師サービス、看護サービス、食事、ルームサービスの 11 項目について、同じく 4 点法のライカート形式で満足度を評価するものである。Applebaum は、これら満足度評価項目の内容がそれぞれ異なり、「ナーシング施設のケアの満足度において何が一番重要であるかというコンセンサスに欠けている」と述べており、評価項目に議論の余地があることを指摘しているが、

第5章　社会福祉サービスの質

これらの測定法はサービスの質が利用者の満足度と密接に関連していることを示唆していると言える。

　しかしながら、利用者満足度を重視してサービスの質を評価することには大きな批判もある。例えば、多くの大学において受講生による授業評価アンケートなどが実施されているが、学生の満足度が高い授業が必ずしも良い授業であるとは限らない。満足度は高いが、どう考えても中身がないとしか思えないものもある。あるべき大学教育の水準に基づき、大学教員の視点から専門知識の伝達が達成できているのかどうかを評価することも重要であろう。サービス利用者の満足度ではなく、より専門的な視点による評価を重視する意見は多い。

　実は、こうした質をめぐる意見の対立は、すでに顕在化している。Pollitt と Peter Beresford らによれば、現在、イギリスで議論になっている対人社会サービスの品質管理のアプローチは、民間企業や NHS において用いられてきた考えに極めて大きく依存しており、結果的に、専門職的アプローチと商業的アプローチという 2 つのアプローチに分類されるという（Pollitt 1997: 25-26）。専門職アプローチは、多くのヨーロッパ諸国、北米諸国の公共サービスにおいて代表的なものである。具体的には行政による監査という形をとり、現在の専門職の観点から設定された基準に基づいて行われる。一方、商業的アプローチは、過去 20 年間で民間の製造業・サービス業で幅広く用いられ、公共サービスの領域に導入が議論されるようになったもので、ISO9000/EN29000、TQM、ベンチマーキング、BPR（business process re-engineering）などがこれに該当する。商業的アプローチは、消費者の求めているものや期待に応えることを追求するものであり、専門職的アプローチと比べると、より利用者の意向に敏感な品質管理のアプローチである。Pollitt らは、現在のイギリスにおける対人社会サービスの品質管理においてこれら 2 つのアプローチが議論されているが、双方ともに問題点があると述べる。例えば、行政による監査などの専門職的アプローチにおいては、サービスの質が、いわば「専門職同士の馴れ合い」に陥る可能性がある。専門職集団の上級メンバーたちが、自分自身の判断を多様なケースを踏まえて常に見直すことなく大きな

影響力を行使することになる。特に、Pollitt は対人社会サービスにおける専門職（イギリスの場合は、主にソーシャルワーク専門職）が、教師や医師といった他の専門職と比べて自己評価の文化を持っていないことを指摘している。これに対して、商業的アプローチでは、行政の管理者（manager）が自分たちのスタッフに対するコントロールや同業者との競争力を強化するために、品質管理を道具として利用するという悪しき管理主義に陥る可能性がある。専門的な知識に基づいた基準ではなく、表面的に消費者との「懇談」によって設定された基準や満足度の調査が、組織の維持を第一の目的として利用され、結果的に利用者のニーズが下位に置かれる可能性がある。

　この2つのアプローチによって、イギリスの対人社会サービスの品質管理には次のような限界（Beresford et al. 1997: 76）がもたらされたという。

①コミュニティ・ケア改革で利用者中心の考え方が強調されて、新鮮なアプローチを編み出す必要性があるにもかかわらず伝統的な「品質」のパラダイムに大きく偏っていること。
②「官僚的な品質」の傾向が強いこと。細かい杓子定規な基準ばかりをつくることであり、そのような基準は改革がめざしていたイノベーションや利用者への対応を改善することを台無しにして、利用者の優先順位や関心をあまり反映しない。
③品質を成り立たせているのは何か、についての考えがサービスを提供したり購入したりする専門職の考えに極めて大きく基づいており、利用者の視点には基づいていなかった。

　そして、品質に関する議論は、特に利用者の間で信用を失っていったという。Pollitt らは、以上のような2つのアプローチの問題点を指摘したうえで、対人社会サービスの分野で品質が定義され査定される基準を明らかにする際に利用者が重要な役割を担うという「構成主義的」なアプローチ（"constructivist" approaches）（Pollitt 1997: 28）を今後、発展させていく必要があると述べて

いる。

Beresford らは、Pollitt の議論を踏まえて、対人社会サービスの品質向上のため、利用者参加の原則をまとめた（Beresford et al. 1997: 74-75）。それらは、具体的には次の4つである。

①サービス利用者の活動基盤

サービスの利用者が自信やアイデアを発展させるために、利用者グループなど、彼ら自身の活動基盤を持つ必要があるということである。そして、この活動基盤は安定して着実なものとなるために、十分に財政的に支えられる必要があるということである。

②サービス利用者のスタート地点からの関与

サービス利用者は、サービスの質を改善するすべてのイニシアティブにスタート地点から対等な関係で参画する必要があるということである。一連の作業の結果が、利用者によって明確にされた品質を高めるものであるならば、計画や提案や課題は、専門職やサービス供給機関と同様に、サービス利用者の関心や優先順位を反映したものでなくてはならない。

③利用者の参加が有効なものになるための手順

利用者参加のための様々な配慮である。人々が関わりやすい議論の場や、集会の時間や交通機関を整備していくことにも注意が払われるべきである。専門職やマネージャーの仲間内での意思決定の方法や言葉遣いでさえ、部外者をつくり、利用者の意欲を減退させる可能性がある。集会はそこにいる人ができるだけ参加しやすいように、サービス利用者の言いたいことが聞かれて注目されるように計画されなければならない。

④双方、恐れと不安を認める

サービス利用者と専門職・行政官の双方が、新しい対等な立場で議論することに不安を抱いている、ということを認めることである。サービス利用者の多くは人生で自分たちの意見を聞いてもらえないという経験をしてきたために、再び拒絶されることを恐れている。一方で、専門職は利用者から批判や怒りを

向けられることや、利用者の要求に十分に応えることができないことを恐れている。多くの専門職は、サービスに対して個人的に責任を感じていて、彼らの役割や彼らの価値観などを根本から疑問視されると、自分たちの身を守るようにしないわけにはいかないのである。そのような緊張関係が改革の障害物とならないようにするには、これらの緊張関係が十分に認識される必要があるし、時間が必要なのである。

　これら4つの原則において強調されているのは、対人社会サービスの品質向上のために、多様な意見を反映させる必要があるということであろう。専門的な視点等も反映させた「利用者満足度をもたらすサービス属性」こそが、サービスの質なのである。利用者の多様な満足度を基本にし、専門家の多様な意見を反映させて望ましいサービスの属性を検討すること、そして、なるべく過重な負担とならない現実的な方法でそれらを測定していくことが重要であろう。福祉サービス供給主体の多様化・市場化の時代においては、サービスの質の観点から、様々な供給主体の比較が可能となるように政府が制度設計を行う必要がある。

　日本の福祉サービスにおいても、従来、第一線の職員の経験測にのみ基づいていた判断されていた福祉サービスの質を明確に定義し、定量的に捉え直して分析の対象とする動きがある。日本において利用者の満足度、そうした満足度を引き出すサービスの属性、組織体制などに言及されることが多くなっている。福祉サービスの質を扱った研究として、まず鵜沼憲晴の研究があげられる（鵜沼 2001）。鵜沼は福祉サービスの質を、「目的適合性」と「目的遂行過程快適性」から成るものであるとしている。「目的適合性」とは、製品・サービスが生産者・消費者相互によって認識された基準に適合している度合いであり、ある製品の質量、容量、速度、硬度といったように、その度合いは事前に客観的尺度によって測定可能である。一方「目的遂行過程快適性」は、実際に製品・サービスを経験した利用者が感じる満足の度合いであり、同じ質量・容量の製品でも利用者によって満足度が異なるように、事後に主観的にし

か評価できない度合いである。製品やサービスの質を客観的基準への「遵守（conformance）」や利用者の主観的基準への「一致（fitness）」から捉える見方はすでに一般的なものであり、それらの概念を福祉サービスに適用したものであると言える。鵜沼は、この「目的適合性」および「目的遂行過程快適性」から成る福祉サービスの質に「質を規定する因子構造」があるとしている。入所施設を例にとれば、施設の経営理念、環境計画や労務管理計画、そこから派生した施設の構造・設備、職員配置や職員の専門知識などの諸要素の体系が「質を規定する因子構造」なのだという。

　また、倉田康路は高齢者福祉施設のサービスの質をもたらすものとして、必要な3つの機能をあげ、これらの機能それぞれに対応した3つの作用因をあげている（倉田2000）。必要な3つの機能とは、専門性・普遍性・包括性である。専門性は施設の提供するサービスが対人援助、介護、看護、医療の専門的技術をともなったものであること、普遍性とは施設間にサービス水準や内容に差があってはならないこと、包括性とは利用者によって要求されるサービスをバランス良く提供することである。そして、専門性に対応した「職員の質」、包括性に対応した「経営者のリーダーシップ」、普遍性に対応した「処遇計画の整備」の3つが「質の作用因」なのだという。この他、サービスの質が何かを直接規定したものではないが、柏女霊峰はサービス評価のための主たる検討事項として、サービス提供の決定過程（入所決定、契約プロセスなど）、提供過程（理念・職員数など）、具体的内容（基本的日課など）に加えて、サービス向上への取り組み体制（施設内自己評価体制など）、利用者の人格の尊重、地域・家族との連携（ボランティアの受け入れなど）、職員の姿勢といった11の項目をあげている（柏女1999）。

　設計品質、適合品質、工程管理といった製造業の品質管理手法を介護サービスに適用して、より妥当性ある品質基準、実効性のある品質管理を模索する意見もある。筒井孝子は、市場の競争原理を利用してサービスの質の維持や向上を図る介護保険制度では、利用者がサービスの基準や品質の保持に敏感であることが制度の運営に欠かせない要件であるにもかかわらず、「製品の設計

品質は cm、g などの単位をもち、それを測定する定規やはかりといった道具もある。しかし、介護保険サービスの単位とは？　測定する尺度はあるのか、なければそれをどう測定すればよいのか？　このように対人援助サービスの評価が一般に難しいといわれる理由は、その評価をする際の測定単位や尺度が開発されていないことによる」として、介護サービスにおける品質の基準設定や測定の困難を述べている。そう述べたうえで、筒井が強調するのは、ある特徴を持った高齢者にはこういったケアを提供するという標準化、「標準的ケアの設定」と、それに基づいた介護サービス計画の作成、提供されたサービスの見直しである。筒井は、わが国ですでにケアを提供している介護保険関連施設において、「ケアの質が高い」と言われる 51 施設を選び、その施設で提供されているケアの内容とその回数、時間についてのデータと高齢者の特徴を表す心身状況のデータを収集した。そのデータに統計的分析を行い、高齢者の特徴に応じて提供されているケアの内容とその時間が異なっていることを明らかにし、高齢者の特徴から提供されるべきケア、すなわち標準的ケアを導き出している。そして、標準的ケアに基づいてサービス計画を立て、あらかじめ書かれた計画書どおりに介護保険サービスが提供されているかどうかを評価するのである。計画からの「乖離の範囲を 5％以内の乖離であれば A とし、70％の乖離が生じた場合は D とするといった取り決めをつくることも可能である。計画と実施の乖離を評価し続ければ、全国の平均乖離率が算出できる」（筒井2001: 126）といったように製造業の品質管理手法を介護サービスに当てはめて、サービスの質の向上を模索している。

　こうしたサービスの質をめぐる様々な議論を背景に、国レベル（厚生労働省や経済産業省）、地方レベル（都道府県・市町村）、あるいは法人レベル（ISO認証取得など）において、様々な福祉サービスの第三者評価の取り組みが行われている。国レベルでは、1999 年に旧厚生省において「福祉サービスの質に関する委員会」が設置され、第三者評価のしくみ・基準について検討が開始された。合計 12 回の検討会の後、2000 年 6 月に中間報告が、2001 年 3 月に最終報告が提出され、その後、高齢者、児童、障害などの分野別に基準の策定や

モデル事業が進められた。東京都では 2000 年 6 月に「地域福祉サービス評価システム検討会」が設置され、福祉サービスの評価が検討されるようになった。この委員会を引き継ぐ形で 2001 年 5 月に「福祉サービス第三者評価システム検討会」、2002 年 6 月に「福祉サービス第三者評価検討会」が設置され、2003 年度に第三者評価制度が本格実施された。それ以外の自治体でも第三者評価制度を導入する自治体が相次いでいる。もともと福祉サービスの質に関する規制として、例えば社会福祉施設には、国および自治体の定めた施設設置基準がある。すなわち、(1) 施設の敷地・建物・設備等、(2) 利用者の定員、(3) 職員配置などに関して、最低限の基準が設定され、その遵守について行政による監査が実施されている。しかし、この施設設置基準等は、最低限の基準であるにもかかわらず、満足すべき基準であると施設運営者に受け取られることが一般的で、必ずしもサービスの質の向上につながっていない、との指摘がなされるようになった。第三者評価制度は、「よりよいサービス水準へ誘導するための基準」に照らして、多様なサービス提供者のサービスの質を評価し、利用者の選択の際の情報を提供することで全体的なサービスの質の向上を促す制度である。武智秀之は、公共サービスが「一元的供給から多元的供給へと変化してくると、そこではどのようにして信頼を制度設計するかが課題となる。結論から言えば、猜疑と監視による社会的コストを回避するための機構は、認証と格付けの情報提供を多元的に制度設計するしかない」(武智 2001: 135) と述べている。多様化したサービス提供機関への信頼の確保のために、第三者機関によるサービス認証を制度化することと、そのサービスについての情報提供が、公共セクターの間接的役割として強調されることになっていると言えよう。

第3節　準市場における社会福祉サービスの質

社会福祉サービスにおける供給主体の多様化・市場化を図る改革の結果、サービスの質にどのような変化があったのか。改革によるサービスの質の向

上（もしくは低下）は、改革全体の評価を行ううえで重要な論点となりうる。サービス供給主体の多様化・市場化が進展するアメリカやイギリスにおいても、こうした問題意識は広く共有されているものと思われる。準市場改革における公共サービスの質には大きな課題がありそうである。市場のメカニズムや民間企業の経営手法によって公共セクターのあり方を改め、公共サービスの質の向上を図ることを謳った公共サービス改革において、その質が向上するとは限らない。この問題は準市場の議論において、医療や福祉などの公共サービスに市場のメカニズムを導入した場合に現れる「情報の非対称性」や「利用者の脆弱性」の問題として、すでに指摘されている。例えば、消費者が認知症老人や児童でありその判断能力に制限があった場合、サービスの購入者（家族）はサービスを十分評価できない可能性があり、また、医療サービスにおいては高度な知識がなければ医療サービスを評価できない可能性があるなど、サービスの購入者は、供給者よりも財またはサービスについての情報が少なく、結果として、選択による質の向上が望めないという問題である（佐々木 1997, 駒村 1999a）。

　様々な要因で、福祉サービスの市場化においては、そのサービスの質に制約が発生する可能性が指摘されている。市場化とサービスの質をめぐって、どのような議論が展開されているのか。まずは、アメリカの議論をみておくとしよう。David Lowery は、準市場が失敗する要因を次の3つに分類している。その3つとは、①市場形成の失敗（failure in market formation）、②選好エラーによる失敗（failure by preference error）、③選好置換による失敗（failure by preference substitution）である（Lowery 1998）。①の市場形成の失敗とは、準市場において独占の問題が生じるなど競争が生じず、質の向上やコストと削減がなされないということである。②の選好エラーによる失敗とは、準市場において消費者の選好が誤って特徴づけられてしまうことがあるということである。例えば、消費者が自らの選好を反映した選択をするのに十分な情報を持っていないとき（情報の非対称性が存在するとき）には、完全市場であれ準市場であれ、失敗するのである。③の選好置換による失敗は、準市場特有の市

第5章　社会福祉サービスの質

場の失敗形態である。前述の2つの失敗は完全市場でも発生しうるが、選考置換は政府によって生み出されるものである。供給と製造の分離は、2つの顧客を生み出す。公共財やサービスを集合決定する者と、準市場内で形式上私的財を消費する者である。後者（production consumers）の選択がもし、前者（provision consumers）と異なるとなると、消費されるサービスや物は利用者の意思とはまったく違うものになってしまう。例えば教育バウチャーで、州政府が読み書きなどの教育の質を重視したとしても、市民がフットボールチームの質に基づいて学校を選んだとしたら、市民の求めるサービスの質や効率性はまったく達成できないことになる。

　アメリカでは、営利組織・非営利組織のどちらが優れたサービスを提供しているのか、という比較研究が盛んに行われている。Schlesinger and Gray（2006）による文献レビューは極めて有益である。Schlesinger らは、ナーシング・ホームの供給主体間比較研究を、経済的パフォーマンス、不利な患者のアクセシビリティ、ケアの質の3つの観点から分類した。経済的パフォーマンスに関しては、28の研究のうち、5つの研究が非営利組織のほうが優れていると結論づけ、4つの研究が非営利組織と営利組織には違いがないと結論づけ、19の研究が営利組織のほうが優れていると結論づけている。営利組織のほうが、コスト削減といった経済効率性において優れていると主張する研究が多いようである。不利な患者のアクセシビリティに関しては、6つの研究のうち、1つの研究が非営利組織のほうが優れていると結論づけ、1つの研究が非営利組織と営利組織には違いがないと結論づけ、4つの研究が営利組織のほうが優れていると結論づけている。一方で、ケアの質については、非営利組織の優位を主張する研究が多いようである。34の研究のうち、25は非営利のサービスが上回ると述べ、7つは違いがないと述べ、2つは営利組織のほうが優れていると述べているという。前述のように、何をもってサービスの質の基準とするのかについては様々な立場があるが、ケアのプロセス評価、規則違反、有害なアウトカムといったデータをもとに非営利組織の優位を主張する研究が多いようである（Schlesinger and Gray 2006: 385）。

133

Amirkhanyan らは、SNF OSCAR（Online Survey, Certification and Reporting）044 などに基づき、施設の規則違反のデータから、公立施設、営利組織と非営利組織のサービスの質の相違、低所得利用者のアクセシビリティを比較検討している。OSCAR は、居住者の権利、入居・移転・退去の権利、居住者・家族の行動、居住者の生活の質など 17 分野にわたる 188 のパフォーマンス・ガイドラインの観点についての違反情報を含んでいる。14,423 施設、54,756 監査記録を対象としており、68％が営利施設、26％が非営利施設、6％が公立施設である。組織規模、組織の持つリソース、競争環境や地域の政治文化などとともに、供給主体の性格（営利・非営利の分類）がサービスの質（規則違反の多寡）にどの程度影響力があるのかを検証している。分析の結果、営利組織が運営するナーシング・ホームは公立、非営利組織の運営するナーシング・ホームに比べると質が低い、と結論づけられている。組織や環境といった要因をコントロールしても供給主体の違いは大きな影響を持っているとされる。Amirkhanyan らによると、公立、営利・非営利組織のナーシング・ホームには、それぞれ傾向がある。公立施設は施設数を減少させているが、メディケイド対象者の受け入れも行いつつ、サービスの質が高く、セーフティ・ネットとしての機能を果たしている。営利組織による施設は、業界の最大勢力であり、メディケイド・ミル（medicaid mills）と呼ばれるほどメディケイドの居住者を多く抱えるが、一般的にサービスの質が低い傾向にある。営利組織による施設は、サービスの質と引き換えに、低所得利用者のアクセスを確保していることになる。一方で、非営利組織による施設は、営利組織よりも少数で、メディケイド対象者の受け入れが少ないが、サービスの質が高い施設が見受けられる（Amirkhanyan et al. 2008: 345-346）。以上のような分析結果を踏まえて、Amirkhanyan らは、公立施設の数を維持（もしくは増大）させること、非営利施設に対する補助金を増額し、低所得者の利用を増やすこと、特に営利組織に対する規制を見直すことなどを提案している（Amirkhanyan et al. 2008: 347-348）。前述の Schlesinger and Gray（2006）の研究と併せて考えると、経費節減に関しては営利組織、サービスの質に関しては非営利組織の優位を主

第5章　社会福祉サービスの質

張する研究が多いように思われる。

　次にイギリスの議論をみてみることにしよう。イギリスにおける社会福祉サービスの市場化、すなわち 1990 年代以降のコミュニティ・ケア改革の総合的評価については様々な見解がある。例えば、平岡公一は、肯定的に評価できるものとして、第1に在宅ケアサービスの量的拡大、第2に民間部門のサービス供給増大、第3に集中的な在宅ケアの実施の拡大、の3つをあげている（平岡 1999: 395）。つまり、コミュニティ・ケア改革の基本的な目標である民間セクターの参加を促し、供給量を増大させて、施設から在宅中心のケアを行うことがある程度達成されたとするのである。一方で、監査と苦情処理手続が不十分であること、保健局と自治体の連携がうまくいっていないことなどの問題が発生していると述べている（平岡 1999: 396-397）。サービス供給量に関しては、当初の目標どおりに増大していることから一応の評価ができそうである。しかし、供給量が増大しているからといって、同時に高いサービスの質が達成されたと結論づけることはできない。Norman Johnson らも、対人社会サービスの質の向上に批判的である。Johnson らはある地方政府を対象とした調査の結果を踏まえ、次のように言う。「現在も進行中であるコミュニティ・ケア改革は、対人社会サービス分野での民営化、準市場導入といった大きな政策プログラムの一部分である。理論に従えば、競争と選択は、最も低いコストで、最も高い質のサービス供給を可能にするはずである。（中略）契約による競争は、目立たない、とあらためて付け加えたい。全体として、契約はなじみのある供給者と結ばれており、そのことが質の高いサービスの提供につながっている。競争が低いコストにつながる、質を改善する、などという保証はどこにもないのである」（Johnson et al. 1998: 322）。Johnson らは、規制が細か過ぎて、事業者の創意工夫や活動を妨害していること、サービス評価については数量化可能なものだけ測定する傾向があることなどを問題としてあげている（Johnson et al. 1998: 324-325）。

　具体的にどのように質が定義され、供給主体間でどのように差があったとされたのか、以下ではイギリスの精神保健施設や在宅福祉サービスといった具

135

体的なサービスを事例として、この問題を考えることにする。まず、Martin Knapp らによる事例研究（Knapp et al. 1999）をもとに精神保健福祉施設におけるサービスの質について述べる。Knapp らによれば、1990 年以降、精神保健福祉政策においても、①病院から地域（コミュニティ）でのケアへ移行する、②サービス供給主体として民間セクターを参加させる、という 2 つの改革が進められた。保健省統計によれば、精神系の全ベッド数に占める病院の割合は 91% から 44% にまで減少し、民間非営利団体、営利団体のベッド数が急成長しているのである。

このような背景から、1993 年および 1996 年にノース・ロンドンにおいて 2 つの病院が閉鎖された。すでに、1985 年にノース・イースト・テムズ地域保健局（North East Thames Regional Health Authority）によって閉鎖が宣言されており、閉鎖と同時に研究プログラムがスタートした。病院からコミュニティへの移行を調査するもので、65 歳以上の認知症を除く 700 人を超える長期療養患者（平均滞在年数 17 年）の長期研究が中心となった。それぞれの患者は、①入院時、②退院後から 1 年後、③退院してから 5 年後の計 3 回インタビューや調査を受けることになった（退院後 5 年のデータはまだない）。退院した患者は、地域でレジデンシャルホーム、ナーシング・ホームなど様々な施設・環境で生活することになる。そして、これらの施設を運営するセクターは、① NHS トラスト、②地方政府社会サービス部、③民間非営利団体、④民間営利団体、⑤地方政府住宅部、⑥共同事業体（NHS と住宅協会、その他民間非営利組織）の 6 つのセクターである。全施設を総合して計算すると、全体数に対するその比率は、NHS トラストが 37%、地方政府社会サービス部が 13%、民間非営利団体が 24%、民間営利団体が 8%、地方政府住宅部が 12%、共同事業体が 7% の比率となっている。レジデンシャル、ナーシング・ホーム、ホステル（hostel：ケア付き住宅）、シェルタード・ハウジング、スタッフド・グループホームの 4 つの施設には、429 人が暮らしており、半分以上が男性、白人が大多数、4 分の 3 が独身もしくは未亡人、病院退院時の年齢は 22 歳から 100 歳、病院が閉鎖されるまで長期間入院していた人が大半で

ある。入院時の資料などから、75％が統合失調症、8％が情緒障害、7％がノイローゼ・人格障害、3％が器質性疾患、1％が学習障害、6％が診断不明であるとされている。

　Knapp らは、上に述べた6つのセクターのそれぞれの施設において、サービスの質を測定する。測定にあたって用いられるのは、環境的指標（The Environmental Index：EI）、社会的ネットワーク調査票（The Social Network Schedule：SNS）、日常生活調査票（The Basic Everyday Living Schedule：BELS）、の3つの指標であり、それぞれの指標に従って調査が行われた。

　環境的指標（EI）は、施設での生活自由度、利用しやすさを評価するための指標であり、以下に述べるような6つの基準に従って測定される。

① 「活動」基準（施設入所および退所の制限／訪問時間の柔軟性／テレビの視聴制限／就寝起床間の選択の幅）
② 「所有」基準（自前の髭剃り・ライター・金銭の持ち込みの自由／所有品を施錠保管できる場所の有無／部屋の家具の有無）
③ 「食事」基準（食事の準備への応答性／アルコールへのアクセス／飲食の自由）
④ 「健康・衛生」基準（服飾の管理／トイレ・浴室の施錠／入浴時間の選択）
⑤ 「利用者の部屋」基準（一日中の部屋の利用／スタッフ入室時の利用者の許可／異性の訪問に対する制限／シングルベッドの選択／プライバシーの保護）
⑥ 「サービス」基準（一般医やその他サービスの予約／専門家の施設への訪問／施設に美容院があるか／スタッフがユニフォームを着ているかどうか）

　6つの基準の各項目に従って、制限が多ければ多いほどポイントが加算されて高くなり、つまりその施設のサービスの質が低い、とみなされる。このような質の基準は、ウォルフェンスベルガーらによるケアの「ノーマライゼーショ

ン」モデルや、「日常生活」モデルの原則、あるいは地方政府・国の政策意図に沿ったものである、と Knapp らは言う。

　次の、社会的ネットワーク調査票（SNS）は、その施設において良好な対人関係が確保できる環境かどうかを示す基準である。調査者によるインタビューで調べられたもので、一人ひとりの対人関係の質に注目したものである。利用者のすべての他人との接触のうち、友人・知人である割合、親友である割合をはじき出す。

　日常生活調査票（BELS）は、利用者に自立および自立達成への機会がどの程度与えられているかを示すものである。自立してセルフ・ケアできる機会（着衣、トイレの利用など）、自立して家事できる機会（食事の用意、買い物、洗濯）、コミュニティ・スキルの自立の機会（公共交通など施設の利用）、活動・社会関係の自立の機会（余暇の追求、社会化）という 4 つの分類で、利用者一人ひとりが調査される。「自立を達成する機会がない」と判断されれば 0 ポイント、「ある程度機会がある」とされれば 1 ポイント、「十分な機会がある」とされれば 2 ポイントが与えられ、高ポイントになればなるほど質が高いとみなされる。

　3 つの指標に用いた調査の結果が、図表 22 である。まず環境的指標（EI）で言えば、民間営利セクターのポイントが高く、施設での行動に制限が多いことがわかる。民間営利セクターは「活動」基準で 4.56 ポイントと平均を大きく上回り、トータルでも 16.84 ポイントという高い数値を示しているのである。社会的ネットワーク調査票（SNS）では大きな差はないものの、日常生活調査票（BELS）では特に自立して家事をする機会で 8.82 ポイントという低いポイントしかなく、施設において自立の機会が少ないことが示されている。これらの調査から、Knapp らは、民間セクターの質の達成度が低いのは明らかである、と結論づけるのである。Knapp らは、サービスの質と同様に、それぞれのセクターにおける一週間あたりのサービスコストも測定した。それによると、最も高コストなセクターは NHS と共同事業体であり、非営利セクターと地方政府社会サービス部は中程度のコスト、最も低コストなセクターは民間

第 5 章　社会福祉サービスの質

図表 22　各セクターの施設サービスの質

測定指標	施設の運営セクター					平均	人数
	NHS	LA	Vol	Priv	Cons		
環境的指標							
「活動」スコア	2.60	2.67	2.46	4.56	1.13	2.64	391
「所有」スコア	1.87	2.26	1.67	2.84	1.53	1.96	391
「食事」スコア	0.08	0.57	0.67	1.62	0.43	0.61	391
「健康・衛生」スコア	1.30	1.71	1.27	2.28	1.23	1.48	391
「居室」スコア	1.92	1.88	1.40	2.28	0.89	1.69	388
「サービス」スコア	2.44	3.28	2.62	3.12	1.74	2.65	391
環境的指標小計	10.21	12.36	10.14	16.84	6.96	11.04	
社会的ネットワーク調査票							
友人・親友との接触	0.94	0.91	0.95	0.91	0.89	0.93	273
親友との接触	0.33	0.34	0.41	0.26	0.35	0.35	273
日常生活調査票							
「セルフ・ケア」の機会	14.80	15.08	16.54	14.60	17.33	16.31	120
「家事」の機会	12.64	10.26	11.48	8.82	12.29	11.28	385
「コミュニティ・スキル」の機会	6.54	5.46	5.89	5.39	5.42	5.85	385
「活動・社会関係」の機会	10.00	9.54	10.00	9.67	10.00	9.92	117

(注)　NHS ＝国民保健サービス　　LA　＝地方政府社会サービス部
　　　Vol　＝民間非営利団体　　　Priv ＝民間営利団体
　　　Cons ＝NHS・民間非営利団体共同事業体
(出所) Knapp et al.（1999: 34）

営利セクターであるという。つまり、コストも民間営利が最も低いが、サービスの質もまた民間が最も低いのである。Knapp らは以上から「民間営利セクターの低いコストは、おそらくケアの質を犠牲にして達成された。というのも民間営利セクターにおいては、利用者に様々な機会や環境が制限されている明らかな証拠があるからである」(Knapp et al. 1999: 38) と結論を述べている。

　以上のように Knapp らは、3 つの指標に基づき民間セクターの質が優れたものでないことを明らかにした。そして、このような質の差が結果として利用者の生活に大きな差をもたらすであろうと予想している。しかし、同時に、退院後一年では、質の悪い民間セクターの利用者の生活が他のセクターに比べて悪いという証拠はなく、今後長期にわたる調査が必要であると述べている。

139

つまり、3つの指標を用いて現時点での質の悪さをとりあえず指摘できるものの、最終的に利用者の生活が向上したかということまで考えてサービスの質を考慮した場合、その測定は10年以上といった長い年月を要する困難なものとなるのである。

　次に、Gerald Wistow による事例研究（Wistow and Hardy 1999）から、在宅福祉サービスにおけるサービスの質について考えてみよう。Wistow も、在宅福祉サービスの供給量の増大に関しては、一定の評価を与えている。Wistow によれば民間セクターによる在宅ケアの発展は、1993年のコミュニティ・ケア改革の最も大きな成功である。しかし、Wistow は全体のサービス供給量の増大を評価しつつも、「新しい購入者—供給者の関係が利用者の定めた基準に照らして納得できる質のケアであるかどうかは、依然として疑問なのである。新しい購入者—供給者の関係は在宅福祉サービスの質を高める、というよりは、台無しにしているのである」（Wistow and Hardy 1999: 177）と述べ、サービスの質に関しては懐疑的である。Wistow によれば、①在宅福祉サービスそのものが持っている特徴、②民間業者の特徴および民間業者と地方政府の関係、が原因で在宅福祉サービスの質は極めて悪いものとなっているという。

　在宅福祉サービスそのものが持つ特徴として、まず Wistow があげるのは、在宅福祉サービスが利用者の自宅で行われるものであるということである。在宅福祉サービスは施設サービスとは異なり、通常一人でサービスがなされるので、他人の目がなく、監視が困難なものである。そして2つめにあげる在宅福祉サービスの特徴は、多くのスタッフが専門職ではなく、施設サービスと違って国レベルの規制の枠組みがないということである。この問題は従来から指摘されており、労働党は1998年の白書『モダナイジング・ソーシャル・サービス（Modernizing social services）』の中で、施設サービスと在宅福祉サービスの両方に対する査察・規制を公約に掲げたが、依然として在宅福祉サービスに対する規制は緩やかなものになっているという。そして3つめの特徴は、サービス提供者の個人的特性が大きな影響を与えることである。すな

わち、利用者がサービスの質の善し悪しを決めるときに、必ず利用者とサービス提供者の個人的な人間関係の質が大きな影響を持つことになるのである。ケアの継続性や信頼こそが在宅福祉サービス提供における本質的な特徴なのである（Wistow and Hardy 1999: 174-175）。

　在宅福祉サービスの民間業者が持つ1つめの特徴として Wistow があげるのは、業者の圧倒的多数が小規模なものである、ということである。業者の45％が1993年のコミュニティ・ケア改革以降に設立されたもので、10年以上の歴史を持っているのはわずか11％に過ぎない。

　在宅福祉サービスの民間業者が持つ2つめの特徴として Wistow があげるのは、業者の大半が地方政府と不利な契約を結んでおり、そのことが民間業者の業務を不安定なものにし、ケアの継続性を脅かしていることである。民間業者の業務に大きな影響を与えるのは、地方政府との契約の形態・内容である。形態については、Wistow によれば、ほとんどの業者がリスクの高いスポット契約しかしていないという。スポット契約では契約内容や価格がケース・バイ・ケースで判断され、結果として供給者が最大のリスクを負うことになる。スポット契約のみの供給者の割合は、1995年から1997年で、63％、66％、69％と増加傾向にあり、民間業者のうち30％が地方政府の購入行為がかなり不安定だと答えている（Wistow and Hardy 1999: 178）。

　以上のような在宅福祉サービスそのものや民間業者の特質を踏まえて、Wistow が具体的にサービスの質の向上が達成されていない、とする点は、依然としてサービスの利用時間帯やサービス一回あたりにかかる時間が自由に選べないことに加えて、「ワーカーの訓練度」、サービスの「柔軟性」と「継続性」が欠如していることである（Wistow and Hardy 1999: 182）。

　「ワーカーの訓練度」の欠如とは、例えば、「扱い（handling）」や「持ち上げ（lifting）」など技術において未熟であり、また利用者を人ではなく物と感じさせるような態度をとるワーカーが多い、ということを指している。民間業者が安定してスタッフを雇用できないためスタッフを十分に訓練することができず、また短時間の間で業務をこなさなければならないことが拍車をかけて

いるのである。態度の点にも利用者の不満が多く、利用者のために「ケアをする」ことよりも、単にその「役割をこなすこと」に重点が置かれているのではないか、という懸念がある。

　サービスの「柔軟性」の欠如とは、サービス内容が利用者のニーズに柔軟に応えられるものになっていないことを指している。契約に固執するあまり、利用者に合わせて柔軟にサービスを変形させることができないのである。例えば、ある利用者に対して、12時から13時の間に昼食をつくる契約をした企業は次のような経験をした。「介護者が行ってみると、昼食をつくるよりもむしろ買い物してほしい、と言われた。介護者はその要望に応えたが、そうしているところを近くの車のなかに隠れて契約のモニタリングをしていた地方政府のケアマネージャーに見られた。次の日、業者の経営者は呼び出され、12時から13時の間、利用者の家を放置して店に買い物に行ったことで、そのケアワーカーは契約の規定に違反したことになる、と言われた。契約からの逸脱はすべて利用者の要望によるものだと経営者は説明したが、契約は打ち切られ、その業者は6週間以上、地方政府から契約をもらえなかった」（Wistow and Hardy 1998: 31）。このようなケースは極端な事例であるが、同じような状況になって契約を失うかもしれない、という恐れは、業者が内容や時間について柔軟な契約を結ぶことを妨げているのである。

　サービスの「継続性」とは、一人の利用者に対して同一のケアワーカーが派遣されることが少なく、同じワーカーによるサービスが継続されないことである。地方政府が契約する業者を頻繁に変更することや、それによって業者の事業が安定せずスタッフも定着しないことから、様々な供給主体の様々なワーカーが入り乱れて混乱をもたらしているのである。これについても、極端な例では、「2、3カ月で30人のワーカーがやって来た」ことが報告されており、利用者は頻繁に見知らぬケアワーカーから介護を受けることに大きな不満を持っているという（Wistow and Hardy 1999: 182）。

　Wistowは、このように在宅福祉サービスの質が向上していないことを述べるとともに、それら質の基準や測定が大変難しいことを述べている。なぜなら

ば、「ワーカーの訓練度」では利用者に対する態度が、「継続性」で長期のケア
を通じて顔なじみになることが言及されているように、在宅福祉サービスにお
いては利用者とワーカーの一対一の人間関係がサービスの質に大きな影響を与
えている（両者の人間関係の質がそのままサービスの質になる）からである。
Wistow は他にも、在宅福祉サービスの質として言及されるものとして、「頼り
がい（reliability）」「親切である（kindness）」「理解がある（understanding）」
「元気がいい（cheerfulness）」「能力がある（competence）」などの要素をあ
げている（Wistow and Hardy 1999: 182）。これらにしてもすべて利用者の主
観的な認識や感情がサービスの質の認識に大きな影響を及ぼすとしているが、
「元気がよい」「理解がある」などの基準がそもそも普遍的なものであるのか、
そうだとしても、「頼りがい」「親切さ」などの質をどのように測定すればよい
のか、そのような質の基準・測定が困難であることは想像に難くない。

　前述のように、イギリスやアメリカの福祉サービスへの営利主体参入を取り
扱った実証的研究では、非営利主体のほうが優れているという結果を導いた研
究が多数存在するが、日本の社会福祉サービスの実証研究では、非営利主体を
擁護する研究は少ないというのが筆者の印象である。

　しかし、前述のように営利法人などによる突然の事業所の閉鎖など、サービ
スの継続性の点からみて営利法人等の質の低さを指摘できる余地は大きい。社
会福祉法人側は、まずサービスの質についてこれらの実証研究の不足部分に
焦点を当て、本当に社会福祉法人が質に関して優位な状態にないのかを検証し
ていかなければならない。同時に、社会福祉法人の持つその他の公益性（平等
性、社会貢献、合規性）などと併せて実証的に反論していく必要がある。

終 章

覚悟なき社会保障

　本書の考察の大部分は、社会福祉法人制度に関わっている。社会福祉法人制度を通して政府民間関係を考察するなかで、いくつか感じたことを述べ、本書の締め括りとしたい。

　まず第1に、日本の行政組織や公共サービス運営において「能率」への強い選好が働いていることである。村松岐夫は、日本の行政部門の特質を「最大動員システム」と名付けて、その概念を次のように説明している。「日本の行政は明らかに一つの合理的体系であった。その生産性は今日も極めて高い。さらに一歩進めてみると、この能率的行政システムは右に言う最大動員システムと特徴づけることができることが可能なものであった。人的リソース、資金、制度のあらゆるものを目的に向かって能率的に動員するシステムなのである。このシステムは、省庁ごとにではあるが行政組織をこえた、民間組織を含むネットワークを作ることによって、社会全体のリソースの最大動員をしようとしてきた」（村松 1994: 4）。私的財産を公的なコントロールのもとに置き、公共サービスの供給主体とする社会福祉法人のしくみにも、こうした発想が読み取れそうである。

　郵政民営化において廃止された特定郵便局も、こうした発想によって長らく成立してきた存在であったのかもしれない。特定郵便局は、明治初期、民間の土地・建物を郵便局舎として利用するために創設された制度である。国家財政の負担を軽減しつつ、郵便事業を拡大させることに大きく貢献したとされる。しかし、郵政民営化をめぐる議論のなかで、特定郵便局の局長は、一般の公務

員試験を受けずに国家公務員の身分を取得できること、通常の郵便局員を大幅に上回る給料・退職金を支給できること、その地位が世襲的であることなどに大きな批判が寄せられ、制度は廃止されることになった。日本の行政は、民間のリソースを含めて「最大動員」を行うという能率的な性格を持っており、経済成長を追求する時代においては、それが有効に作用した。しかし、様々な状況が変化した現在において、そうした発想に基づくしくみのいくつかには見直しが必要なのかもしれない。

　第2に、強い「能率」への選好の一方で、「責任」に関する意識は希薄であると思われる。「責任」にも様々な側面があるが、特に行政活動や公共サービス運営の費用負担責任に関する意識は曖昧である。社会福祉法人制度は、私的な財産を土台として、国家の規制と財政措置により成立しているものである。極端な言い方をすれば、日本の社会福祉サービスの財源は公私混然一体となっており、公的責任と私的責任の交錯のなかで、社会福祉サービスが提供されてきたことになる。社会福祉サービスの費用のどの部分を誰がどう負担しているのか、公的な補助金は何に使われているのか、社会福祉法人の財産は誰のものなのか、といった疑問を発生させる余地をつくり出していると思われる。

　第3に、上記の点とも関連するが、国民全般に、公共サービスの費用負担の意識が欠如しているようにも思われる。「サービスは欲しいが、負担はしたくない」という意識が公共サービスの民営化や民間委託を増加させている原因であろう。特に、社会保障や社会福祉サービスの費用負担意識の欠如は深刻であるように思われる。社会保障の充実が叫ばれる一方で、その社会保障の費用を誰が負担するのかという問題は十分に議論されてこなかった。その背景には、家族による福祉の長い伝統があると思われる。自由民主党は1979年に出版した研究叢書『日本型福祉社会』で欧米型福祉国家とは異なる日本独自の福祉のあり方を主張した。「自助努力の重視」「地域社会における相互扶助の重視」「民間の活力および市場システムの重視」などとともに日本型福祉社会の強みとして主張されたのが「家庭による福祉の重視」である。同居三世代による世代間相互扶助による介護・保育のメリットが述べられ、家庭による福祉の

終 章　覚悟なき社会保障

伝統と充実が主張された（堀 1981）。1984 年に出版された丸尾直美『日本型福祉社会』は、日本的経営に基づいた企業を中心とする市場部門を福祉供給の主体として重視し、家庭・地域社会、住民参加やボランティアなども重視する「市場プラス参加型の福祉社会」を新しい日本型福祉のモデルとしている。「幸いわが国では政府以外にも、活力ある日本的経営を中核とする市場部門と家庭などインフォーマル部門あるいは第一次（プライマリ）部門と呼ばれる部門が、福祉の『供給』主体として欧米諸国以上に重要な役割を果たすことができそうです。ですから、政府に依存しすぎることなく、福祉と生活の質を充実していくことが可能です」（丸尾 1984: 171）。様々な論者による「日本型福祉社会」論が展開されたが、家族による福祉という伝統の存在が日本の福祉に大きな影響を与えていることは明らかである。家族介護や保育の歴史的意義や今後の可能性を一切認めないわけではない。家族による介護や保育は大きな意義を果たしたし、今後もその利点が見直される可能性がないわけではない。しかしながら、家族による福祉の伝統が、介護や保育などのサービスは家庭内において無償で供給しうるものであり、本来は費用がかからないものであるという観念を国民の間で形成したのではないかと思える。福祉はお金をかけるべきものではない、安上がりの福祉でよい、といった感覚が国民の間に根強く残っているのではないだろうか。

　こうした費用負担責任の欠如は、社会保障全体に大きな影響を及ぼしている。加藤淳子によれば、日本の社会保障はその財政基盤に大きな脆弱性を抱えている。フランス、フィンランド、デンマーク、ドイツ、オランダ、スウェーデンなどの国々は、1960 年代に付加価値税の導入に踏み切り、社会保障の財源確保に成功した。一方で、1980 年代以降、政府の財政赤字経験後、付加価値税（消費税）を導入したカナダ、ニュージーランド、オーストラリア、日本は国民に対する総課税負担の水準が低いままにとどまっており、社会保障の財政基盤がない。1970 年代、高齢化の進展とともに社会保障費が増大し始めたとき、日本は増税ではなく国債発行によってその財源を賄い、慢性的な財政赤字を招いた。その後、消費税が導入されるものの、増税による負担が前の世代

147

がつくり出した財政赤字の解消に費やされてしまい、現在の世代への給付につながらないという反発から、税率引き上げに積極的な世論が形成されない状況に陥った。高度経済成長期に、消費税などを導入するタイミングを逃し、社会保障の強い財政基盤をつくることに失敗したことになる（加藤 2005）。増大する社会保障費を支えるための国債発行が大きな要因となって、2015 年度末における国と地方の長期債務残高は 1057 兆円（対 GDP 比 205%）という莫大な金額にのぼり、わが国の財政の大きなリスクとなっている。こうした財政赤字が最終的に国民生活にどのような結果をもたらすのか予想できないが、少なくとも現時点においても予算の硬直化といった問題を引き起こしているのは明らかである。

　真に福祉を充実させるためには、それ相応の費用負担が必要であることを国民一人ひとりが自覚し、具体的な負担のあり方を議論すべき時期に直面していると言えよう。

あとがき

　本書は、筆者が 2007 年に同志社大学大学院法学研究科に提出した博士論文を大幅に加筆修正したものである。また、博士論文以外にも、過去に発表した論文の内容を反映している。それらの論文名、掲載雑誌名については、すべて巻末の参考文献一覧に掲載した。

　大学院時代の指導教授である真山達志先生（同志社大学）には、多方面にわたる指導をしていただいた。深く感謝申し上げたい。

　本書は、北九州市立大学法学部法政叢書刊行会による助成によって出版された。着任以来、北九州市立大学法学部の先生方には、研究のみならず、教育、管理運営について多くのご指導、ご協力をいただいている。中道寿一先生、楢原真二先生には様々な研究発表の機会をご提供いただいた。森裕亮先生、横山麻季子先生、大澤津先生からは、本書執筆にあたり数多くの有益なご助言をいただいた。すべての先生方のお名前をあげることはできないが、北九州市立大学法学部の先生方に、あらためて、厚く御礼申し上げたい。

　また、本書を出版する機会を与えていただいた福村出版の宮下基幸社長、編集をご担当いただいた小山光さんに、心より御礼申し上げたい。

参考文献

□日本語文献（50音順）

アプルバウム，ロバート＆ストレイカー，ジェイン＆ジェロン，スコット著、多々良紀夫・塚田典子訳（2002）『長期ケアの満足度評価法─利用者の声をよく聴くための実用的アプローチ─』中央法規出版.

雨宮孝子・石村耕治・中村昌美・藤田祥子（2000）『全訳 カリフォルニア非営利公益法人法』信山社.

池田守男・雨宮孝子（2011）「『民』による公益の増進を目指して─新公益法人制度─」『ジュリスト』有斐閣、1421: 8-16.

石田慎二（2015）『保育所経営への営利法人の参入─実態の検証と展望─』法律文化社.

伊奈川秀和（2001）「社会福祉法人制についての一考察」『法政研究』九州大学法政学会、68(1): 25-47.

井上達夫（2006）「公共性とは何か」、井上達夫編『公共性の法哲学』ナカニシヤ出版.

今村都南雄・武藤博己・真山達志・武智秀之（1999）『ホーンブック 行政学 改訂版』北樹出版.

埋橋孝文（1997）『現代福祉国家の国際比較─日本モデルの位置づけと展望─』日本評論社.

右田紀久恵（1985）「英国における地方自治体社会福祉行財政の研究」.

鵜沼憲晴（2001）「福祉サービスの質の向上に向けて─質の規定因子構造および第三者評価事業の課題─」『社会福祉研究』鉄道弘済会社会福祉部、80: 172-178.

大阪府（2001）『社会福祉法人のしおり（法人設立の手引）』.

大阪府社会福祉協議会（2013）『社会福祉法人だからできた　誰も制度の谷間に落とさない福祉─経済的援助と総合生活相談で行う社会貢献事業─』ミネルヴァ書房.

太田達男（2012）『非営利法人設立・運営ガイドブック─社会貢献を志す人たちへ─』公益法人協会.

大山博・炭谷茂・武川正吾・平岡公一編著（2000）『福祉国家への視座─揺らぎから再構築へ─』ミネルヴァ書房.

岡田忠克（2009）『転換期における福祉国家』関西大学出版部.

小笠原浩一（2004）「地域福祉時代における社会福祉法人の改革と施設運営」、小笠原浩一・平野方紹『社会福祉政策研究の課題─三浦理論の検証─』中央法規出版.

150

オズボーン，デビット＆ゲーブラー，テッド著、野村隆監修、高地高司訳（1995）『行政革命』日本能率協会マネジメントセンター.

柏女霊峰（1999）「基礎構造改革　児童福祉施設サービスの質の評価」『児童養護』全国社会福祉協議会・全国児童養護施設協議会、30(2): 33-37.

加藤淳子（2005）「福祉国家は逆進的課税に依存するか―OECD18カ国の比較研究から得られる含意―」、北岡伸一・田中愛治編『年金改革の政治経済学―世代間格差を超えて―』東洋経済新報社.

金子光一（2005）『社会福祉のあゆみ―社会福祉思想の軌跡―』有斐閣.

狩野紀昭編（1990）『サービス産業のTQC―実践事例と成功へのアプローチ―』日科技連出版社.

菊池馨実（2008）「社会福祉の再編と公共性―社会福祉法人と社会福祉事業のあり方をめぐって―（公共性の法社会学―企画委員会シンポジウム　規制緩和・民営化と公共性―）」『法社会学』有斐閣、68: 108-119.

北場勉（1999）「社会福祉法人制度の成立とその今日的意義―新しい福祉分野の出現とその担い手について―」『季刊社会保障研究』国立社会保障・人口問題研究所、35(3): 236-250.

北場勉（2002）「社会福祉法人の沿革と今後の展望―他の公益・共益法人とのあり方の関連で―」『社会福祉研究』鉄道弘済会社会福祉部、85: 35-42.

木下武徳（2003a）「アメリカ社会福祉政策におけるプライヴァタイゼーション―ウィスコンシン州福祉改革における委託契約を中心に―」、渋谷博史・渡瀬義男・樋口均編『アメリカの福祉国家システム―市場主導型レジームの理念と構造―』東京大学出版会.

木下武徳（2003b）「社会福祉法人による減免にみる介護保険制度の課題―社会福祉の分権化および民営化と低所得対策―」『総合社会福祉研究』総合社会福祉研究所、22: 136-145.

君村昌（1999）「新公共管理とイギリス地方自治改革」『同志社法学』同志社法学会、50(5): 1385-1424.

木村昭興（2009）「一般廃棄物収集運搬業務における競争原理の導入―環境衛生の維持と市場化―」『経営戦略研究』関西学院大学経営戦略研究会、3: 239-250.

ギルバート，ニール＆ギルバート，バーバラ著、伊部英男監訳（1999）『福祉政策の未来―アメリカ福祉資本主義の現状と課題―』中央法規出版.

熊沢由美（2002）「社会福祉法人制度の創設―社会福祉事業法の制定をめぐって―」『社会福祉研究』鉄道弘済会社会福祉部、83: 98-104.

倉田康路（2000）「施設サービスの質を作用する要因に関する一考察―高齢者福祉施設の場合から―」『関西学院大学社会学部紀要』関西学院大学社会学部研究会、85: 211-216.

151

黒木淳（2014）「社会福祉法人における内部留保の実態分析―法人の規模と事業領域の観点から―」『経営研究』大阪市立大学経営学会、65(3): 165-178.

厚生省（2000）「福祉サービスの質に関する検討会　福祉サービスの第三者評価に関する中間まとめ」.

公正取引委員会（2002a）「介護保険適用サービス分野における競争状況に関する調査報告書―居宅サービスを中心に―」.

公正取引委員会（2002b）「社会的規制分野における競争促進の在り方」.

厚生労働省（2004a）「社会保障審議会福祉部会第9回議事録」.

厚生労働省（2004b）「社会保障審議会福祉部会意見書『社会福祉法人制度の見直しについて』」.

厚生労働省（2011）「社会保障審議会介護給付分費科会第87回議事録および資料3」.

厚生労働省（2013）「社会保障審議会介護給付分費科会介護事業経営調査委員会第7回議事録および資料3『特別養護老人ホームの内部留保について』」.

厚生労働省（2014）「社会福祉法人の在り方等に関する検討会報告書『社会福祉法人制度の在り方について』」.

厚生労働省（2016）「全国厚生労働関係部局長会議資料」（厚生分科会）.

小坂直人（2005）『公益と公共性―公益は誰に属するか―』日本経済評論社.

駒村康平（1999a）「介護保険、社会福祉基礎構造改革と準市場原理」『季刊社会保障研究』35(3): 276-289.

駒村康平（1999b）「疑似市場（準市場）」、庄司洋子・武川正吾・木下康仁・藤村正之編『福祉社会事典』弘文堂.

児山正史（2004）「準市場の概念」、日本行政学会編『年報行政研究』ぎょうせい、39: 129-146.

齋藤純一（2000）『公共性（思考のフロンティア）』岩波書店.

財務省（2012）「平成24年度予算執行調査の調査結果の概要」.

佐々木實雄（1997）「準公共財と準市場―医療・教育提供のあり方―」、植草益編『社会的規制の経済学』NTT出版.

佐橋克彦（2002）「わが国の介護サービスにおける準市場の形成とその特異性」『社会福祉学』日本社会福祉学会、42(2): 139-149.

佐橋克彦（2006）『福祉サービスの準市場化―保育・介護・支援費制度の比較から―』ミネルヴァ書房.

サラモン，レスター・M、江上哲監訳（2007）『NPOと公共サービス―政府と民間のパートナーシップ―』ミネルヴァ書房.

芝田英昭（2001）「社会福祉法の成立と福祉市場化」『立命館産業社会論集』立命館大学産

業社会学会、36(4): 12-25.

清水谷諭・野口晴子（2004）『介護・保育サービス市場の経済分析―ミクロデータによる実態解明と政策提言―』東洋経済新報社.

社会福祉法人運営研究会編（2003）『社会福祉法人設立・運営ハンドブック』中央法規出版.

社会福祉法人経営研究会編（2006）『社会福祉法人経営の現状と課題―新たな時代における福祉経営の確立に向けての基礎作業―』全国社会福祉協議会.

白石小百合・鈴木亘（2005）「公立保育所の民間開放」、八代尚宏編『「官製市場」改革』日本経済新聞社.

全国社会福祉法人会計研究会（2014）『もう「知らない」ではすまされない社会福祉法人の不正防止・内部統制・監査』清文社.

高橋万由美・永田祐（1998）「イギリスにおけるコミュニティ・ケア改革以降の公私関係―ボランタリー組織との関係を中心に―」『社会福祉学』日本社会福祉学会、39(1): 1-21.

武川正吾・塩野谷祐一編（1999）『先進諸国の社会保障① イギリス』東京大学出版会.

武智秀之（2001）『福祉行政学』中央大学出版部.

武智秀之（2003）『福祉国家のガヴァナンス』ミネルヴァ書房.

田中尚輝（2004）「NPO は堕落してはならない (2)」、NPO 事業サポートセンター公式サイト.（ただし、2017 年 11 月現在、同記事は掲載されていない）

田端光美（2003）『イギリス地域福祉の形成と展開』有斐閣.

筒井孝子（2001）『介護サービス論―ケア基準化と家族介護のゆくえ―』有斐閣.

東京都（2002a）「都立福祉施設改革推進委員会報告書」.

東京都（2002b）「第一回福祉サービス第三者評価検討会議事要旨」.

東京都（2002c）「東京都第三者評価システム検討会報告書」.

東京都（2002d）「福祉サービス提供主体経営改革に関する提言委員会中間提言―社会福祉法人の経営改革に向けて―」.

東京都（2016）「都内の保育サービスの状況について」.

内閣府（2002）「国民生活局物価政策課『介護サービス市場の一層の効率化のために―〔介護サービス価格に関する研究会報告書〕―』」.

内閣府（2003a）「国民生活局物価政策課『保育サービス市場の現状と課題―〔保育サービス価格に関する研究会報告書〕―』」.

内閣府（2003b）「総合規制改革会議『規制改革推進のためのアクションプラン・12 の重点検討事項』に関する答申―消費者・利用者本位の社会を目指して―」.

永田智彦・田中正明（2012）『新しい「社会福祉法人会計」―"平成 23 年新会計基準"への移行の手引き―』TKC 出版.

中野いく子（2005）「社会福祉と公私関係」、三重野卓・平岡公一編『福祉政策の理論と実

際―福祉社会学研究入門―［改訂版］』東信堂.

仲村優一・一番ヶ瀬康子編（2000）『世界の社会福祉 9 アメリカ・カナダ』旬報社.

西尾勝（2001）『行政学［新版］』有斐閣.

西村美香（1997）「New Public Management（NPM）と公務員制度改革」『成蹊法学』成蹊
　大学法学会、45: 113-160.

信田さよ子（1999）『アディクションアプローチ―もうひとつの家族援助論―』医学書院.

狭間直樹（2002）「条件整備型政府における公共サービスの質―イギリス・コミュニティ・
　ケア改革を事例として―」『同志社法学』同志社法学会、54(4): 178-227.

狭間直樹（2003）「公共サービスにおける品質概念と第三者評価―東京都福祉サービス第三
　者評価システムを中心に―」『同志社法学』同志社法学会、54(6): 164-209.

狭間直樹（2004）「準市場と政策手段―社会福祉法人に対する法的規制と財政措置―」『北
　九州市立大学法政論集』北九州市立大学法学会、32(2・3): 175-216.

狭間直樹（2006）「社会福祉サービスへの営利企業及び NPO の参入に伴う政策手法の変化」
　『北九州市立大学法政論集』北九州市立大学法学会、34(1・2): 29-61.

狭間直樹（2008）「社会保障の行政管理と『準市場』の課題」『季刊社会保障研究』国立社
　会保障・人口問題研究所、44(1): 70-81.

狭間直樹（2013）「社会福祉法人の公益性について」『北九州市立大学法政論集』北九州市
　立大学法学会、40(4): 485-507.

狭間直樹（2014）「これからの社会福祉法人の公益性」『月刊福祉』全国社会福祉協議会、
　97(13): 23-27.

狭間直樹（2015）「社会福祉サービスと政策情報学」、中道寿一・朽木量編『政策研究を越
　える新地平―政策情報学の試み―』福村出版.

狭間直樹（2016）「社会福祉法の改正について」『北九州市立大学法政論集』北九州市立大
　学法学会、44(1・2): 35-50.

濱本賢二（2014）「社会福祉法人の内部留保問題の分析―内部留保と資金の乖離に着目し
　て―」『会計検査研究』会計検査院、49: 67-81.

日高昭夫（2002）「政策手法の再編」、今村都南雄編『日本の政府体系―改革の過程と方向―』
　成文堂.

平岡公一（1999）「コミュニティケア改革の動向」、武川正吾・塩野谷祐一編『先進諸国の
　社会保障 1 イギリス』東京大学出版会.

平岡公一（2002）「福祉国家体制の再編と市場化―日本の介護保険を事例として―」、小笠
　原浩一・武川正吾編『福祉国家の変貌―グローバル化と分権化のなかで―』東信堂.

平岡公一・杉野昭博・所道彦・鎮目真人（2011）『社会福祉学』有斐閣.

廣瀬克哉（1998）「政策手段」、森田朗編『行政学の基礎』岩波書店.

福島達也（2008）『新公益法人になるための公益認定完全ガイド』学陽書房.

古川俊一・北大路信郷（2001）『公共部門評価の理論と実際』日本加除出版.

米国医療の質委員会・医学研究所著，医学ジャーナリス協会訳（2002）『医療の質―谷間を越えて 21 世紀システムへ―』日本評論社.

保育行財政研究会（2001）『保育所への企業参入―どこが問題か―』自治体研究社.

保育行財政研究会（2002）『市場化と保育所の未来―保育制度改革どこが問題か―』自治体研究社.

堀田力・山田二郎・太田達男編（2004）『公益法人改革　これでよいのか　政府の構想―民間法制・税制調査会の議論から／民間の力を活かす 22 の対案―』公益法人協会.

堀田力（2011）「制度設計の歪みが起こす問題点」『ジュリスト』有斐閣，1421: 32-38.

堀勝洋（1981）「日本型福祉社会論」『季刊社会保障研究』国立社会保障・人口問題研究所，17(1): 37-50.

堀雅晴（2000）「世紀転換期の現代行政学―現代アメリカ行政学の自画像をてがかりに―」『立命館法学』立命館大学法学会、271・272: 1453-1493.

堀雅晴（2003）「『協働型社会』における自治体組織と職員―新世紀パラダイムの創造を―」『地方自治職員研修』公職研、36(2): 31-33.

松山幸弘（2011）「黒字ため込む社会福祉法人　復興事業への拠出議論を」日本経済新聞 2011 年 7 月 7 日.

松山幸弘（2013）「社会福祉法人の財務データ集計・推計結果」.（キヤノングローバル戦略研究所公式サイト http://www.canon-igs.org/）

真渕勝（2009）『行政学』有斐閣.

真山達志（2001a）「自治体における事業評価導入の多面的意義」『会計検査研究』会計検査院、24: 45-53.

真山達志（2001b）『政策形成の本質―現代自治体の政策形成能力―』成文堂.

丸尾直美（1984）『日本型福祉社会』日本放送出版協会.

宮内忍・宮内眞木子監修（2009）『社会福祉法人監事監査の手引き［改訂 2 版］』東京都社会福祉協議会.

村松岐夫（1994）『日本の行政―活動型官僚制の変貌―』中公新書.

明治安田生活福祉研究所（2013）「介護老人福祉施設等の運営及び財政状況に関する調査研究事業報告書」.

メレディス，バーバラ著、杉岡直人・平岡公一・吉原雅昭訳（1997）『コミュニティケアハンドブック―利用者主体の英国福祉サービスの展開―』ミネルヴァ書房.

森泉章（2004）『新・法人法入門』有斐閣.

八代尚宏（2000）「福祉の規制改革―高齢者介護と保育サービス充実のために―」、八代尚

155

宏編『社会的規制の経済分析』日本経済新聞社.

八代尚宏（2003）「社会福祉法人の改革—構造改革の潮流のなかで—」『社会福祉研究』鉄道弘済会社会福祉部、85: 19-26.

山本清（1997）「会計検査と政策科学」、宮川公男編『政策科学の新展開』東洋経済新報社.

山本隆（1989）「福祉補助金の日・英・米比較」、成瀬龍夫・小沢修司・武田宏・山本隆『福祉改革と福祉補助金』ミネルヴァ書房.

横山寿一（2003）『社会保障の市場化・営利化』新日本出版社.

我妻榮・有泉亨・川井健（2008）『民法1　総則・物権法［第三版］』勁草書房.

□**英語文献（アルファベット順）**

Amirkhanyan, A. A. and Kim, H. J. and Lambright, K. T. (2008) "Does the Public Sector Outperform the Nonprofit and For-profit Sectors?: Evidence from a National Panel Study on Nursing Home Quality and Access", *Journal of Public Analysis and Management*, 27(2):326-353.

Bartlett, W. and Roberts, J. A. and Le Grand, J. (1998) *A Revolution in Social Policy: Quasi-market reforms in the 1990s*, Policy Press.

Beresford, P. and Croft, S. and Evans, C. and Harding, T. (1997) "Quality in Personal Social Services: The Developing Role of User Involvement in the UK", in Evers, A. and Haverinen, R. and Leichsenring, K. and Wistow, G. (eds.) *Developing Quality in Personal Social Services: Concepts, Cases and Comments*, Ashgate.

Dunleavy, P. and Hood, C. (1994) "From Old Public Administration to New Public Management", *Public Money & Management*, 14: 9-16.

Gardner, J. F. (1999) "Quality in Services for People with Disabilities", in Gardner, J. F. and Nudler, S. (eds.) *Quality Performance in Human Services: Leadership Values, and Vision*, Paul H. Brookes Publishing.

Gaster, L. (1995) *Quality in Public Services*, Open University Press.

Gaster, L. (1999) "Quality Management in Local Government: Issues and Experiences", *Public Policy and Administration*, 14(3): 35-53.

Gilbert, N. and Gilbert, B. (1989) *The Enabling State: Modern Welfare Capitalism in America*, Oxford University Press.

Gilbert, N. (2002) *Transformation of the Welfare State: The Silent Surrender of Public Responsibility*, Oxford University Press.

Hood, C. (1991a) "A Public Management for All Seasons?", *Public Administration*, 69(1):

3-19.

Hood, C. (1991b) "The 'New Public Management' in the 1980s: Variations on a Theme", *Accounting Organizations and Society*, 20(2・3): 93-109.

Johnson, N. and Jenkinson, S. and Kendall, I. and Bradshaw, Y. and Blackmore, M. (1998) "Regulating for Quality in the Voluntary Sector", *Journal of Social Policy*, 27(3): 307-328.

Kettl, D. F. (1993) *Sharing Power, Public Governance and Private Market*, Brookings Institution Press.

Knapp, M. and Hallam, A. and Beecham, J. and Baines, B. (1999) "Private, Voluntary or Public?: Comparative Cost-effectiveness in Community Mental Health Care", *Policy & Politics*, 27(1): 25-42.

Leach, R. and Percy-Smith, J. (2001) *Local Governance in Britain*, Palgrave.

Leach, S. and Walsh, K. and Stewart, J. (1994) *The Changing Organization and Management of Local Government*, Palgrave.

Lewis, M. and Hartley, J. (2001) "Evolving Forms of Quality Management in Local Government: Lessons from the Best Value Pilot Programme", *Policy & Politics*, 29(4): 477-496.

Light, P. C. (1999) *The True Size of Government*, Brookings Institution Press.

Lowery, D. (1998) "Consumer Sovereignty and Quasi-market Failure", *Journal of Public Administration Research and Theory*, 8(2): 137-172.

Martin, L. L. and Kettner, P. M. (1996) *Measuring the Performance of Human Services Programs*, SAGE.

Milward, H. B. and Provan, K. G. (2000) "Governing the Hollow State", *Journal of Public Administration Research and Theory*, 10(2): 359-379.

Pollitt, C. and Bouckaert, G. (1995) "Defining Quality", in Pollitt, C. and Bouckaert, G. (eds.) *Quality Improvement in European Public Services: Consepts, Cases and Commentary*, SAGE.

Pollitt, C. (1997) "Business and Professional Approaches to Quality Improvement: A Comparison of Their Suitability for the Personal Social Services", in Evers, A. and Haverinen, R. and Leichsenring, K. and Wistow, G. (eds.) *Developing Quality in Personal Social Services: Concepts, Cases and Comments*, Ashgate.

Provan, K. G. and Milward, H. B. (1995) "A Preliminary Theory of Interorganizational Network Effectiveness: A Comparative Study of Four Community Mental Health Systems", *Administrative Science Quarterly*, 40: 1-33.

Rhodes, R. A. W. (2000) "Governance and Public Administration", in Pierre, J. (ed.) *Debating governance: Authority, Steering, and Democracy*, Oxford University Press.

Salamon, L. M. (2002) "The New Governance and the Tools of Public Action: An Introduction", in Salamon, L. M. (ed.) *The Tools of Government; A Guide to the New Governance*, Oxford University Press.

Savas, E. S. (2000) *Privatization and Public-private Partnerships*, Chatham House.

Schlesinger, M. and Gray, B. H. (2006) "Nonprofit Organizations and Health Care: Some Paradoxes of Persistent Scrutiny", in Powell, W. W. and Steinberg, R. (eds.) *The Nonprofit Sector: A Research Handbook*, Yale University Press.

Shaw, I. (1995) "The Quality of Mercy: The Management of Quality in Personal Social Services", in Kirkpatrick, I. and Martinez Lucio, M. (eds.) *The Politics of Quality in the Public Sector: The Management of Change*, Routledge.

Talbot, C. (1999) "Public Performance-towards a New Model?", *Public Policy and Administration*, 14(3): 15-34.

Van Slyke, D. M. (2003) "The Mythology of Privatization in Contracting for Social Services", *Public Administration Review*, 63(3): 296-315.

Walsh, K. (1991) "Quality and Public Services", *Public Administration*, 69(4): 503-514.

Walsh, K. (1995a) *Public Services and Market Mechanisms: Competition, Contracting and The New Public Management*, St. Martin's Press.

Walsh, K. (1995b) "Quality through Markets: The New Public Service Management", in Wilkinson, A. and Willmott, H. (eds.), *Making Quality Critical: New Perspectives on Organizational Change*, International Thomson Business Press.

Wistow, G. and Knapp, M. and Hardy, B. and Forder, J. and Kendall, J. and Manning, R. (1996) *Social Care Markets: Progress and Prospects*, Open University Press.

Wistow, G. and Hardy, B. (1998) "Securing Quality Through Contracts?: The Development of Quasi-markets for Social Care in Britain", *Australian Journal of Public Administration*, 57(2): 25-35.

Wistow, G. and Hardy, B. (1999) "The Development of Domiciliary Care: Mission Accomplished", *Policy & Politics*, 27(2): 173-186.

□著者略歴

狭間直樹（はざま・なおき）

北九州市立大学法学部政策科学科准教授。

専門は行政学、社会保障論。

1977 年生まれ。奈良県出身。

同志社大学法学部政治学科卒。

同志社大学大学院法学研究科政治学専攻博士課程（後期課程）満期退学。

博士（政治学）（同志社大学）。

〈主な著書〉

『政策研究─学びのガイダンス─』共著、福村出版、2011 年.

『政策実施の理論と実像』共著、ミネルヴァ書房、2016 年.

『新・プリマーズ／保育／福祉　社会福祉［第 5 版］』共著、ミネルヴァ書房、
2017 年.

準市場の条件整備
──社会福祉法人制度をめぐる政府民間関係論

2018 年 1 月 25 日　初版第 1 刷発行

著　者	狭　間　直　樹
発行者	石　井　昭　男
発行所	福村出版株式会社

〒 113-0034　東京都文京区湯島 2-14-11
電　話　03（5812）9702
ＦＡＸ　03（5812）9705
https://www.fukumura.co.jp

印　刷	株式会社文化カラー印刷
製　本	本間製本株式会社

©Naoki Hazama 2018
Printed in Japan
ISBN978-4-571-42065-8 C3036
落丁・乱丁本はお取替えいたします
定価はカバーに表示してあります

福村出版◆好評図書

中道寿一 編著 **政 策 研 究** ●学びのガイダンス ◎2,800円　　ISBN978-4-571-41042-0　C3036		政策を学ぶために必要な基本的技法と，実際の研究について実践事例を紹介する初学者に最適の入門書。
中道寿一・朽木 量 編著 **政策研究を越える新地平** ●政策情報学の試み ◎2,600円　　ISBN978-4-571-41057-4　C3030		現代の多元的難問への政策研究を，既存の専門閉塞型の個別科学を越えて試みられた政策情報学的思考で論じる。
中道寿一 著 **未来をデザインする 政策構想の政治学** ◎2,500円　　ISBN978-4-571-40030-8　C3031		政治とは何かを，M・ウェーバー等著名学者の論を追い，歴史的に概説。政治参加と新たな市民政治を模索する。
藤岡伸明 著 **若年ノンエリート層と 雇用・労働システムの国際化** ●オーストラリアのワーキングホリデー制度を利用する日本の若者のエスノグラフィー ◎7,500円　　ISBN978-4-571-41060-4　C3036		若者の就業状況とワーキングホリデー利用との関連を，雇用・労働システムの国際化という観点から論じる。
髙橋 豊 著 **日本の近代化を支えた 文化外交の軌跡** ●脱亜入欧からクール・ジャパンまで ◎4,000円　　ISBN978-4-571-41058-1　C3036		西欧文化を受容した明治維新以降，日本の近代化を築いた文化外交の足跡をたどり，その重要性を見直す。
藤井和佐・杉本久未子 編著 **成 熟 地 方 都 市 の 形 成** ●丹波篠山にみる「地域力」 ◎3,400円　　ISBN978-4-571-41056-7　C3036		「兵庫県篠山市」にスポットをあて，地方都市の再生や文化の継承，地域づくりにおける課題・可能性を考察。
島田 肇 著 **福祉オンブズパーソンの研究** ●新しい社会福祉の実現に向けて ◎6,800円　　ISBN978-4-571-42036-8　C3036		社会福祉新時代を迎え，福祉オンブズパーソンへの期待はますます高まっている。その現状と将来を探る。

◎価格は本体価格です。